70 LIÇÕES DE JORNALISMO

ROBERTO HIRAO

70 LIÇÕES DE JORNALISMO

Colunas do ombudsman da *Folha da Tarde*

PUBLIFOLHA

Editor
Arthur Nestrovski

Editor-assistente
Thiago Blumenthal

Coordenação de produção gráfica
Soraia Pauli Scarpa

Produção gráfica
Mariana Metidieri

Capa e projeto gráfico
Paula Astiz

Editoração eletrônica
Laura Lotufo / Paula Astiz Design

Preparação
Juliana Bernardino

Revisão
Luciana Lima e Ricardo Miyake

Acervo
Banco de Dados *Folha*

Pesquisa
Cleide Floresta

Charges
Cláudio de Oliveira

Dados Internacionais de Catalogação na Publicação (CIP)
(Câmara Brasileira do Livro, SP, Brasil)

Hirao, Roberto
70 lições de jornalismo: colunas do Ombudsman da Folha de Tarde / Roberto Hirao. – São Paulo : Publifolha, 2009.

ISBN 978-85-7914-078-5

1. Folha de S. Paulo 2. Jornais – Seções, colunas etc. 3. Jornalismo – Brasil 4. Ombudsman I. Título

09-04919 CDD-070.442

Índices para catálogo sistemático:
1. Artigos jornalísticos : Coletâneas 070.442

A grafia deste livro segue as regras do **Novo Acordo Ortográfico da Língua Portuguesa.**

PUBLIFOLHA
Divisão de Publicações do Grupo Folha
Al. Barão de Limeira, 401, 6° andar
CEP 01202-900, São Paulo, SP
Tel.: (11) 3224-2186/2187/2197
www.publifolha.com.br

Apresentação: 70 Lições de Jornalismo 7

1. O Brasil em Primeiro Lugar 11
2. Os Números da Discórdia 14
3. As Armadilhas do Tempo 17
4. Collor ou Calígula 21
5. Perguntas Sem Resposta 24
6. Na Cabeça da PM 27
7. Matar ou Morrer 29
8. Preto e Branco 33
9. Remando Contra a Maré 36
10. A Moral da Imoralidade 39
11. Uma Explosão de Ódio e Intolerância 42
12. Os Fiscais do Jornal 44
13. Nem Parece Eleição 47
14. Notícia Chapa Branca 49
15. Com a Vida Não se Brinca 53
16. Entre a Cruz e a Espada 55
17. Os Limites de Uma Foto 58
18. O Golpe Das Baratas 61
19. Trombando Nos Números 64
20. Jornalista ou Policial? 67
21. Os Fantasmas do Plebiscito 70
22. Cheiro de Fritura 73
23. Esqueceram da Notícia 76
24. Não Tem Remédio 79
25. Fora do Tom 82
26. O Filho de Lampião 85
27. O Certo Está Errado 88
28. Acredite se Quiser 90
29. Nem Petista Nem Malufista 92
30. De Surpresa em Surpresa 95
31. A Maior Defesa de Zetti 97
32. Elitismo e Sofisticação 100
33. Quebra-Cabeças Policial 103
34. Em Defesa da Credibilidade 106
35. Assinou e Não Assinou 109

36. Pobre *National Kid*	113
37. Deixem o Exército em Paz	116
38. Caindo na Real	119
39. Entre Deus e o Diabo	122
40. A Nova Cara da *FT*	125
41. Erramos, Erramos e Erramos	128
42. Sensacionalismo de Fora	131
43. Credibilidade Arranhada	134
44. Falta de Memória	137
45. Política Sem Denuncismo	139
46. Os Limites do Jornalismo	141
47. As Manchetes Falam	144
48. Sem Preconceito	147
49. Crime Político	150
50. Entre *Teens* e Aposentados	153
51. Boa e Má Notícias	156
52. Como É Fácil Mexer Com o Presidente	159
53. A Hora da Verdade	161
54. Não Dá Para Fazer Mágica Com a URV	164
55. Questão de Interpretação	167
56. São Paulo Merece Mais	171
57. Inimiga Pública nº 1	172
58. Um Retrato Cru da Cidade	175
59. O Leitor Não É Burro	178
60. Nasce um Jornal	181
61. O Poder de Senna	184
62. As Fontes Também Erram	187
63. Os Números Não Mentem	190
64. Verdade Seja Dita	192
65. Cada Coisa em Seu Lugar	195
66. As Lições da Escolinha	197
67. A Bola Acima da Razão	200
68. Polícia Com Sensibilidade	203
69. Parreira x Imprensa	206
70. O Grito do Consumidor	209
Sobre o Autor	213

APRESENTAÇÃO: 70 LIÇÕES DE JORNALISMO

Uma das mais fascinantes experiências de minha vida profissional aconteceu longe das Redações, porém mais perto dos leitores. No dia 1º de junho de 1992, comecei a exercer a função de ombudsman da *Folha da Tarde*, um jornal que, apesar de ostentar a *Folha* no logotipo, nada tinha a ver, no aspecto editorial, com a *Folha de S.Paulo*, o maior jornal do país. As duas publicações ocupam espaço próprio, com leitores em todas as faixas sociais. Durante dois anos e 25 dias, trabalhei sozinho, com a ajuda de uma secretária, isolado em uma sala da sede do Grupo Folha, na alameda Barão de Limeira, no centro de São Paulo. O publisher da *Folha*, Octavio Frias de Oliveira, morto em abril de 2007, cumpriu rigorosamente a promessa de não interferir no meu trabalho. Ligou uma única vez, no meu último dia do cargo, para me cumprimentar.

Por que, só agora, em 2009, resolvi transportar para um livro a minha experiência no cargo? Na época, não achava que eu tivesse feito algo tão relevante para merecer um livro. No dia 1º de julho de 2008, completei 40 anos de profissão, comemorados na Redação. Durante a festa, cheia de novos profissionais, todos muito entusiasmados, voltou a se falar no assunto: o livro do Hirao. Uma vez por semana, às segundas-feiras, o jornal publicava um texto do ombudsman, com observações críticas sobre a qualidade do material apresentado ao leitor. "Cada coluna é uma aula de jornalismo", comentou uma repórter. Incentivado por essa nova geração de jornalistas, decidi fazer uma seleção das colunas publicadas no período em que fui ombudsman da *Folha da Tarde*. O resultado é este livro, 70 lições de bom jornalismo.

Embora com a mesma estrutura, meu trabalho foi diferente do desenvolvido pelo ombudsman da *Folha de S.Paulo*. A *Folha da Tarde* era uma publicação local, basicamente vendida em bancas, ao contrário da *Folha de S.Paulo*, o jornal de maior circulação no Brasil, que tem sua força nas assinaturas. A empresa apostou no jornal promovendo uma ampla reformulação gráfica e editorial. As mudanças começaram pelo logotipo *FT*. A proposta era fazer um jornal compacto, mais barato, voltado para um público de menor densidade econômica e na faixa de idade acima dos 40 anos. Em 1999, a *FT* saiu de cena para dar lugar ao *Agora*, um novo jornal, com ênfase no chamado jornalismo popular. A aposta do Grupo Folha deu certo: em pouco tempo o *Agora* alcançou a posição de jornal mais vendido nas bancas da cidade de São Paulo.

No começo de minha atuação como uma espécie de "advogado dos leitores", foi difícil explicar o que eu estava fazendo lá. Muita gente ligou para o "Departamento do Ombudsman" para reclamar de falta de água, de atrasos na entrega de mercadorias, enfim, de problemas próprios para uma página de defesa do consumidor. Das conversas com os leitores guardo muitas lições, que me levaram a refletir sobre a essência do jornalismo: a notícia. Notícia fresca e bem contada.

O leitor está convidado a dar uma volta no tempo e acompanhar um período importante da vida brasileira por meio das colunas do ombudsman. Os temas são variados: vão desde a queda de Fernando Collor aos "limites de uma foto", em que o ombudsman questionou a publicação da imagem do suicídio de uma estudante na Faculdade de Direito do Largo de São Francisco.

São 70 textos escritos com simplicidade, de forma didática e que certamente enriquecerão os conhecimentos dos leitores. Veja alguns temas que o leitor encontrará no livro:

- "Preto e Branco" – O então presidente Collor convocou a população a vestir verde e amarelo e o jornal saiu com a primeira página coberta de preto.

- "Na Cabeça da PM" – Os casos de suicídio entre os soldados da PM são cinco vezes maiores que a média da população. Sinal de que existe um grande desequilíbrio emocional na corporação. Os jornais não se deram conta da gravidade desses dados.

- "O Brasil em Primeiro Lugar" – Saiba por que a *Folha da Tarde* publicou com destaque a vitória do norte-americano Jim Courier no torneio de tênis de Roland Garros e relegou ao pé da página a façanha da seleção feminina de basquete que conseguiu, pela primeira vez na história, classificação para uma Olimpíada, em 1994.

Os meios de comunicação tiveram extraordinário desenvolvimento nos últimos anos e a informatização mudou o perfil do leitor, que ficou mais exigente. O leitor não é mais o mesmo. Hoje ele tem acesso à informação com um simples toque num computador. O grande desafio, agora, é fornecer a esses leitores muito mais que a simples notícia, acompanhar a velocidade da tecnologia e conquistar espaços deixados pela internet, com ou sem banda larga. Como? Resgatando e disseminando o prazer da leitura.

Emir Nogueira [1927-82], um dos jornalistas mais respeitados na Redação da *Folha* (foi secretário de Redação), dizia que computador não passa de uma máquina e uma máquina não pode ser colocada acima dos homens. Emir punha os computadores ao nível dos bichos. Nas reuniões de pauta via sempre o lado humano do noticiário. Quando acontecia uma fuga de presos, torcia pelos fugitivos. Detestava reportagens do tipo "os novos habitantes do Zoológico". "Tem gente morrendo de frio e fome na rua e o jornal dá espaço para capivaras...".

O jornalista Samuel Wainer [1912-80], também defendia a conquista de mais e mais leitores para enfrentar a invasão dos computadores. "Nada se compara ao prazer de folhear um bom livro", dizia. Samuel era um jornalista intuitivo, que se guiava pela emoção. Fui seu editor-executivo no *Última Hora* de São Paulo. Certo dia, ele viu um repórter estagiário chorando no meio da Redação, debruçado sobre a máquina de escrever. O "foca" (jargão jornalístico que designa os novos jornalistas) tinha feito uma entrevista com um menor infrator e foi tomado pela emoção ao passar a história para o papel. Samuel me chamou de lado e disse, sem nem sequer ver o texto do rapaz: "Contrata esse menino. Ele é dos bons, sabe chorar...".

Citei esses jornalistas para ressaltar um velho, mas sempre atual conceito: os computadores, por mais que se desenvolvam, nunca terão alma. Este livro não tem pretensões acadêmicas. É apenas o relato das experiências de um ombudsman que não perdeu a alma.

Por fim, gostaria de agradecer à paciência de minha família, ao incentivo de amigos e colegas da Redação, e aos jovens jornalistas que acreditaram no projeto. Foi também fundamental para a materialização da ideia do livro o trabalho da incansável jornalista Cleide Floresta, a quem dedico especial agradecimento.

R. H., *março de 2009*

NOTA DA EDIÇÃO

Os textos das colunas foram escritos entre 1° de junho de 1992 a 25 de julho de 1994 e não sofreram quaisquer alterações na transposição para o livro, exceto correções pontuais de ortografia (que foi atualizada). Os fatos, as situações e os acontecimentos referem-se a esse período. Também as personalidades citadas pelo autor ao longo das colunas ocupavam cargos e exerciam suas atividades dentro desse período.

1. O BRASIL EM PRIMEIRO LUGAR

O que é mais importante para você: a vitória do tenista norte-americano Jim Courier em Roland Garros, na França, ou a façanha da seleção feminina de basquete, que pela primeira vez na história conseguiu a classificação para uma Olimpíada? A questão foi levantada pela leitora Sonia Cristina Toselli, que recorreu ao ombudsman para manifestar sua "profunda decepção" com o "pouco caso" com que o caderno de Esportes tratou o assunto na edição de segunda-feira passada.

A notícia mereceu um quadro em três colunas no pé de página com texto curto, de dez linhas, e título em duas linhas. Ocorre que o jogo decisivo com a Itália, que terminou com a vitória do Brasil por 94 a 76, foi no sábado e a informação saiu nos jornais de domingo. Como a *Folha da Tarde* não circula aos domingos, a classificação só foi noticiada na segunda-feira. Como se diz no jargão jornalístico, o assunto estava "velho". Certo?

Errado. A notícia em si era velha – o resultado do jogo foi divulgado e comentado domingo pelos principais meios de comunicação –, mas o assunto permanecia quente. É nesse momento que entra o chamado bom-senso e se constata que toda regra tem exceções. Na segunda-feira, o leitor entusiasmado com a conquista das meninas do basquete queria ver mais, saber da repercussão da conquista, guardar o jornal como um troféu para ser mostrado no futuro.

As meninas do basquete viajaram para Vigo, na Espanha, onde se realizou o torneio pré-olímpico, desacreditadas. Perderam o primeiro jogo para a Tcheco-Eslováquia e receberam uma saraivada de críticas. Mas a seleção reagiu e, com talento, garra e sorte, a equipe chegou aonde queria.

As circunstâncias da classificação foram, portanto, especiais. Os torcedores brasileiros, que ultimamente tinham pouco a comemorar, passaram a acompanhar com atenção as partidas e a *Folha da Tarde* dedicou grande espaço aos jogos, um dos quais, com a Austrália, foi particularmente emocionante, de "matar do coração". A partida terminou empatada duas vezes e só foi decidida nos últimos segundos da terceira prorrogação: as brasileiras venceram por uma cesta, 99 a 97.

Nas edições de sexta-feira e de sábado, dias 5 e 6, a seleção mereceu manchete de página. Os leitores que acompanham o noticiário esportivo esperavam, portanto, algo mais na segunda-feira. O editor de Esportes da *Folha da Tarde*, Vicente de Aquino, concorda com a queixa de Sonia Cristina Toselli e explica que a vitória das brasileiras deveria ser a manchete da página C-5. A edição foi planejada e programada dessa forma.

Mas o editor foi atropelado por um fato do dia: a primeira entrevista do piloto Nelson Piquet depois do acidente que sofreu quando disputava as 500 Milhas de Indianápolis, nos EUA. Numa decisão que o editor deve tomar sem demora, já que o jornal tem um horário de fechamento rigoroso, Hortência, Paula, Marta e as demais jogadoras perderam o espaço do alto da página e caíram para o pé.

E por que o basquete não foi deslocado para a página anterior, a C-4, onde reinava o tenista Jim Courier, bicampeão do Aberto da França? Segundo Vicente de Aquino, por questões industriais. A editoria de Esportes estava autorizada a promover mudanças em apenas uma página. Além disso, justifica o editor, o noticiário do torneio de tênis era importante porque Courier derrotou o tcheco Peter Korda, responsável pela desclassificação do brasileiro Jaime Oncins nas quartas-de-final.

O leitor, no entanto, desconhece as dificuldades técnicas da elaboração de um jornal e nem é obrigado a saber disso. Ele paga para receber um jornal completo e que corresponda aos seus anseios. Os editores enfrentam uma série de dificuldades e fazem o possível para oferecer aos leitores um produto final de primeira qualidade. Este ombudsman foi editor também e já viveu a extrema ansiedade de correr contra o tempo.

A *Folha da Tarde* apresenta-se como o jornal da cidade e Hortência e Paula têm a cara da cidade. Afinal, como diz um anúncio da nova *Folha da Tarde*, o que é mais importante para você: a crise da indústria relojoeira suíça ou os ladrões de relógios da Paulista?

15/6/92

2. OS NÚMEROS DA DISCÓRDIA

Um velho problema dos jornais – a avaliação numérica das grandes concentrações populares – continua sem solução. A questão volta a ser debatida depois da enorme disparidade dos números divulgados pelos jornais na edição do dia 19, sexta-feira. A *Folha da Tarde* calculou em 80 mil a multidão que enfrentou o frio da manhã para atender à convocação da Igreja. A reportagem não revela que critérios utilizou na obtenção do número.

No outro extremo, *O Estado de S. Paulo* estimou em 30 mil o público da missa, escudando-se em levantamento da Polícia Militar. Para o *Diário Popular* [atual *Diário de S. Paulo*] foram 60 mil. A *Folha de S.Paulo* também cita fonte da PM para dizer que 50 mil pessoas participaram das cerimônias. O *Jornal da Tarde* encheu metade de sua primeira página com uma grande foto aérea que mostra o Anhangabaú tomado pela multidão. "Mar de católicos", diz o título, referindo-se a um chavão: mar de gente. Mas não se arrisca a abrir o texto com o número de participantes e recorreu a outro chavão: "Milhares de pessoas assistiram..."

A repórter Adriana Gomes, encarregada de cobrir o acontecimento para a *Folha da Tarde*, explica que se baseou em estimativa do monsenhor Sérgio Conrado, vigário-geral da Pastoral da Sé, responsável pela organização do evento. O líder religioso, entusiasmado com o grande público, disse à jornalista que havia de 80 mil a 100 mil pessoas na praça. Como não conseguiu ouvir a PM, ela decidiu ficar com o número menor, 80 mil.

De qualquer forma, a jornalista deveria sair à busca de outros números, porque os responsáveis pela realização de grandes eventos costumam, embora inadvertidamente, exagerar em seus cálculos. O monsenhor Conrado disse, por exemplo, que a praça da Sé "jamais viu uma multidão igual".

Certamente a praça da Sé já viu multidões maiores. Basta uma simples consulta na coleção da *Folha da Tarde*. No dia 25 de janeiro de 1984 uma multidão tomou a praça da Sé para assistir a um comício pela realização de eleições diretas para a Presidência da República.

A manchete da edição do dia 26 da *Folha da Tarde* foi a seguinte: "Diretas reuniram mais de 300 mil no comício da Sé". Também a *Folha de S.Paulo* deu o mesmo número. O jornalista Carlos Brickmann, na ocasião repórter da *Folha*, reservou os dois primeiros parágrafos do texto da primeira página para desfilar as avaliações conflitantes do público do comício: 130 mil para uma fonte da Polícia Federal, 350 mil a 380 mil para o coordenador do comício, Jorge da Cunha Lima, e 400 mil para o então secretário dos Transportes da Prefeitura, Getúlio Hanashiro.

O *Novo Manual da Redação* da *Folha* recomenda o uso de métodos científicos de medição da área de uma manifestação, em caso de eventos importantes. Para eventos menores, o repórter deve ouvir a versão do organizador, do adversário (quando houver), de autoridade e de observador isento. Mas como avaliar a importância do acontecimento? Isso depende do bom-senso de cada um.

No caso das solenidades de Corpus Christi, o assunto merecia maior cuidado, da pauta à reportagem. A Igreja preparou-se para uma grande celebração e mobilizou sete bispos e 300 padres. O sucesso das cerimônias era fundamental para a Igreja, que nos últimos anos vem enfrentando uma debandada de fiéis para outras religiões, principalmente evangélicas. Nos tempos de crise a população costuma buscar abrigo e conforto na religião.

A NUDEZ PROCESSADA

Mulher sem roupa não choca mais ninguém, mas homem pelado ainda dá o que falar. Logo depois da conquista da Taça Libertadores, o fotógrafo Everton Ballardin, do jornal *Notícias Populares*, flagrou os jogadores Antônio Carlos e Raí nus, quando tomavam banho. A foto foi aproveitada inteira pela *Folha de S. Paulo*. Raí não gostou e ameaça processar o jornal.

A *Folha da Tarde*, mais recatada, publicou a foto com corte na parte inferior. A nudez, masculina ou feminina, vale dentro dos limites do bom gosto, pois do contrário agride o leitor. O banho dos craques, de qualquer forma, irritou alguns leitores, que ligaram ao ombudsman para protestar. Eles acham que, mesmo com o corte, a foto é "indecente". Este ombudsman está à disposição para ouvir outras opiniões, contra ou a favor.

FRASE DA SEMANA

"Para o país é melhor que a CPI termine o mais rápido possível, porque a gente precisa trabalhar"

Ministro da Justiça, Célio Braga, sobre a CPI que investiga denúncias de Paulo César Farias, o PC

22/6/92

3. AS ARMADILHAS DO TEMPO

A previsão do tempo sempre foi desacreditada no Brasil: apesar das fotografias feitas por satélites e da evolução tecnológica dos instrumentos meteorológicos, muitas vezes esfria quando a previsão é de calor e esquenta quando se previa frio. A explicação do erro quase sempre é uma massa de ar, quente ou fria, dependendo da ocasião, que bloqueia frente quente ou fria que avança pelo país.

Nos últimos anos surgiu uma nova desculpa, o *El Niño*, fenômeno provocado por uma corrente de água quente do oceano Pacífico e responsável, segundo os meteorologistas, pela bagunça no clima de outro lado do continente, ou seja, no Brasil. Os jornais têm uma pauta tradicional todo dia 20 de junho: a chegada do inverno, no dia 21. Os repórteres cercam-se de todos os cuidados, consultam meteorologistas e homens do tempo, pesquisam o tema no Banco de Dados e mesmo assim erram.

Na edição do dia 20, a *Folha da Tarde* destacou o assunto no caderno Cidade, com uma grande foto em cores de uma família se deliciando com uma iguaria típica de inverno, a fondue. "Prepare-se porque este inverno vai ser mais frio", alertava o título. Um mapa do continente mostrava a trajetória do *El Niño* e garantia que o fenômeno, que é cíclico, não ia acontecer este ano.

No texto, o meteorologista Manoel Alonso Gan, do Inpe (Instituto Nacional de Pesquisas Espaciais), dizia que "este vai ser o inverno mais frio desde 1988". Isto porque o *El Niño* "já deu o que tinha que dar". Na previsão do Inpe, a temperatura dificilmente iria passar dos 22 graus. No mesmo dia a temperatura não só passou dos 22 graus como continuou subindo, chegando a 26 graus.

No dia 23, já oficialmente no inverno, a *Folha* ouviu o Inpe e o quadro havia mudado radicalmente. O meteorologista José Barbosa de Brito, do Inpe, informou que vai fazer menos frio este ano. Culpa do *El Niño*, que, apesar de estar perdendo a intensidade, só deve acabar no final de julho. "*El Niño* provoca elevação da temperatura em SP no inverno", foi o título da reportagem da *Folha de S.Paulo*.

O leitor fica indignado com contradições desse tipo, mas os jornais se basearam em fontes credenciadas. Para o pesquisador do tempo José Ivaldo Barbosa de Brito, do Inpe, os meteorologistas só indicam uma tendência, que pode mudar a cada semana.

As gafes cometidas pelos jornais devido a previsões erradas fazem parte do folclore das Redações. O jornalista Adilson Laranjeira, ex-chefe de reportagem da *Folha de S.Paulo*, ex-editor responsável e ex-ombudsman da *Folha da Tarde*, detesta o calor e dizia sempre ter uma fórmula infalível para baixar a temperatura. Mandava preparar uma reportagem sobre o calor, com mulheres tomando sol à beira das piscinas dos clubes, do tipo "o sol lota as piscinas". No dia seguinte as nuvens acabavam com a festa: além de esconder o sol, baixavam a temperatura e lançavam um aguaceiro sobre a cidade. De quebra inundavam vários bairros e garantiam uma boa reportagem para o dia seguinte.

VITÓRIA DA *FOLHA DA TARDE*

Luís Felipe, um menino esperto de 4 anos, passou por uma cirurgia simples, de fimose, no Hospital Universitário no dia 5 de abril e ficou paralítico. O menino teve uma lesão cerebral devido à falta de oxigenação. O caso, publicado pela *Folha da Tarde* na edição de terça-feira passada, evoluiu rapidamente: na quinta-feira o médico anestesista foi apontado como responsável e demitido.

Luís Felipe terá assistência total do hospital. O caso, no entanto, ainda não terminou. O jornal deve ir a fundo à questão, pois a punição pode apenas encobrir um problema maior, estrutural, que corrói a maioria dos hospitais brasileiros. E que pode acabar provocando outras tragédias como a de Luís Felipe.

FRASES DA SEMANA

"Quem não sonega quebra. São 60 impostos e ninguém aguenta pagar"

Ney Maranhão (PRN-PE), vice-líder do governo no Senado

"Mas é claro"

Ney Maranhão, ao ser questionado se ele também sonegava impostos

"A sonegação é a defesa da sociedade contra a elevada carga tributária"

Mario Amato, presidente da Federação das Indústrias do Estado de São Paulo

"É lamentável"

Dorothea Werneck, secretária nacional da Economia, ao saber das declarações de Amato

29/6/92

BONS MODOS

Você vai saber na coluna de hoje que:
num restaurante, quando a mulher sai da mesa, o homem que é cavalheiro deve se levantar e ficar em pé até que ela esteja longe
não é correto se referir às pessoas que estão ao nosso lado como "ele" ou "ela"
e mais: você deve ficar sempre por último
Pág. D-3

FT
São Paulo, Terça-feira
30 de junho de 1992
Cr$ 1.500,00

ECONOMIZE

Estacionar em Zona Azul fi 30,7% mais caro a partir de amanhã. De Cr$ 26 mil, o tc com dez folhas de duas hor de estacionamento passa a custar Cr$ 34 mil.
Pág. B-2

TEMPO EM SP

Claro, passando a nublado. Possibilidade de chuvas
Pág. B-2

Mínima 13 Máxima 21

Fonte: Centro Regional de Meteorologia de SP

Folha da Tarde

Professora exibe Calígula na aula

Pais de alunos de escola municipal deram queixa e a polícia abriu inquérito

A professora Ondina Bueno Lemos teve que ir depor no 103º DP e pode ser indiciada por corrupção de menores. Ela resolveu mostrar em vídeo o filme para cem alunas de 8ª série de uma escola de Itaquera (zona leste). Segundo ela, seria uma oportunidade de discutir em aula a decadência do Império Romano. "O filme é histórico e didático", disse Ondina, que faz parte do programa de orientação sexual da escola. Mas alguns alunos ficaram chocados com as cenas de sexo e violência. "Se tiver que fazer isso com meu marido, não caso", disse uma delas, de 16 anos. Seus pais denunciaram a professora e a secretaria de Educação vai abrir uma sindicância. Se Ondina for condenada, pode pegar de 6 meses a 4 anos de prisão. Pág. B-1

Lanche rápido. *Na tarde de ontem na rua São Bento, o cerealista Marcelo Costa devora um churro enquanto volta do Fórum. Comer enquanto se anda é um hábito comum para os paulistanos —alguns conseguem até ler ao mesmo tempo. Mas isso pode prejudicar o estômago, dizem os médicos.* Pág. B-6

Ninguém mais confia em Collor

Isolado e já sem apoio de seus ministros, o presidente tenta hoje desfazer as suspeitas

Chega hoje ao fim o prazo de 48 horas que ele mesmo pediu para responder à denúncia feita por sua secretária particular Ana Acioli. A questão é saber se o empresário PC Farias paga as despesas da Casa da Dinda. Se a explicação não for satisfatória, Collor perderá o apoio até de seu mais forte aliado, o governador Antônio Carlos Magalhães. Os ministros Jorge Bornhausen, Célio Borja, Marcílio Marques Moreira e Ricardo Fiúza estavam ontem pessimistas. Eles acharam frágeis os primeiros argumentos de Collor. Os ministros militares já não descartam a hipótese de renúncia ou impeachment (impedimento). A CPI do caso PC Farias estuda a possibilidade de convocar Collor. Págs. A-3 a A-5

A crise política é incontornável e o presidente deve renunciar. Leia em Nossa Opinião. Pág. A-2

Fazendeira foi enterrada ainda viva

A versão é da polícia. Glícia Maria Berman de Carvalho levou cinco facadas e foi enterrada em sua fazenda, em Pardinho (São Paulo). O suspeito é o comerciante Divino Magalhães. Pág. B-1

O reitor do São Luís, padre Klein, escreve um livro sobre Sheila

REPORTAGEM DE CAPA

O furacão chamado Sheila

Quando o colégio São Luís, um dos mais tradicionais da cidade, resolveu aceitar Sheila —uma garota recusada em outra escola por ter o vírus da Aids—, não imaginou que isso provocaria tantas transformações. "Estávamos fechados em nosso pequeno mundo", diz o reitor Luiz Klein. Depois de Sheila, até a limpeza dos banheiros ficou diferente. Pág. A-2

PMs já têm um telefone do desespero

A Polícia Militar paulista criou um plantão telefônico de 24 horas, nos moldes do CVV, para conter a onda de suicídios de PMs. Só neste ano 22 se suicidaram e houve mais de 100 tentativas. Pág. B-1

Colocada há 5 dias na rua Bento Freitas (centro), esta faixa fez a procura pelo Disk Garotas aumentar seis vezes. Ontem, 300 pessoas ligaram atrás de uma das 90 moças que cobram até Cr$ 370 mil por programa. Segundo advogados, é proibido pôr faixas na rua.

Os cinemas vão ter que reservar 25% dos lugares para compra antecipada. Os exibidores ainda não sabem como vão pôr isso em prática.

PÁGINA D-3

ÍNDICE

Desabafo	A-2
Faça as Contas	A-6
Vitrine	A-6
Tempo	B-2
Classificados	B-4
Loterias	C-1
Espetáculos	D-3
Bons Modos	D-3
Televisão	D-4
Cinema	D-6
CDs	D-7

ESPORTES

Nem a queda numa vala impediu o jipe 26 de cruzar a linha de chegada do 3º Raid de Inverno, que aconteceu na serra da Cantareira. A Folha da Tarde participou da prova e conta para você como é a aventura - Pág. C-1

Bolsa sofre queda livre com a crise

Em São Paulo, a Bolsa de Valores fechou em baixa de 14,7% —recorde no ano e terceira maior queda da história. No Rio, o índice ficou em 11,7%. Tudo por causa do caso PC-Collor. Pág. A-7

PC está em todas, diz Motta Veiga

O ex-presidente da Petrobrás disse à CPI que o empresário PC Farias circulava "com desenvoltura" pelos órgãos do governo e que se gabava de sua fonte de poder: o presidente Collor. Pág. A-4

Coração leva Medeiros para a UTI

Pág. A-5

Fleury sabia da tentativa de suborno

Pág. A-5

Viola treina nova dança para domingo

Pág. C-6

Veja quem foi propor a degola de Edu

Pág. C-4

Macaco 'doa' o fígado para um homem

Pág. A-8

Na primeira página da *Folha da Tarde* de 30 de junho de 1992, o caso Collor deixou de ser destaque. A exibição do filme *Calígula* em uma escola pública foi manchete do dia.

4. COLLOR OU CALÍGULA

O que é mais importante para você: o caso da professora que exibiu o porno-histórico filme *Calígula* numa escola pública ou o esfacelamento explícito do presidente Collor, fustigado por denúncias de irregularidades de todos os tipos? O caso *Calígula* tem os componentes que fazem as delícias de um bom repórter e foi manchete da edição do dia 30 de junho da *Folha da Tarde*.

Uma pesquisa informal entre pessoas próximas, de várias camadas sociais, concluiu que a manchete do dia deveria ser o caso PC,[1] que aliás vem evoluindo de tal forma que se transformou em caso Renan, virou caso Ana Acioli e hoje é caso Collor. Mas para um jornal que renasceu no dia 1° de junho com a cara da cidade era mais importante permanecer fiel ao princípio de colocar o noticiário local em primeiro lugar.

No dia 9 de junho a *Folha da Tarde* saiu pela primeira vez com uma manchete do caso PC: "Pedro livra a cara de Collor". Era uma referência ao depoimento do irmão do presidente, que evitou envolver Collor em suas denúncias. Não foi uma opção entusiasmada, tanto que, no dia seguinte, a manchete voltou a ser um assunto da cidade – os descontos nas tarifas de táxis – e o noticiário político voltou para o segundo plano.

A indecisão do jornal acabou no dia em que o projeto da reforma gráfica e editorial completou um mês nas bancas. A crise política estremecia o país e a renúncia do presidente deixava de ser uma fantasia para se tornar uma possibilidade próxima. Bastou despachar um repórter para a rua e constatar que o assunto estava na boca do povo. Palavras como *impeachment* e

1 Paulo César Farias foi tesoureiro da campanha de Fernando Collor nas eleições presidenciais de 1989. Foi a peça-chave que causou o *impeachment* do então presidente.

renúncia frequentavam o vocabulário não só dos políticos de Brasília, mas também de moradores da periferia de São Paulo.

A crise voltou às manchetes, mas sem o tom severo da maioria dos jornais brasileiros. "Até o cabelo ia na conta", foi uma das manchetes. A notícia saiu do depoimento do motorista Eriberto Freire França na Polícia Federal. Ele revelou que as despesas com a maquiagem de Collor eram pagas com cheques da secretária presidencial Ana Acioli.

O grosso da população não costuma acompanhar os embates estritamente políticos, que quase sempre caem em enfadonhas repetições. Mas desta vez é diferente. O país vive um momento histórico e o povo sabe disso. A imprensa tem um papel fundamental nesse processo que desnuda os bastidores da política nacional.

Diz o historiador Luiz Felipe de Alencastro que a "indignação popular ocorre pela transparência dada pela imprensa à operação de pilhagem do Estado". A rapinagem desenfreada do dinheiro público, a confissão pública feita por um senador da República de que sonega impostos, a plácida declaração de um líder empresarial de que "o crime compensa" chocam muito mais que as fantasiosas estripulias de Calígula.

UM MÊS DEPOIS

Na última quarta-feira, dia 1º de julho, a nova *Folha da Tarde* completou um mês. Nesse período, publicou 14 manchetes com o noticiário local, cinco com assuntos políticos, cinco de Economia e uma de Esportes. No dia 22, o jornal não teve manchete de primeira página. Das 427 chamadas de capa, 127 foram de noticiário local, 93 de Plural, o caderno de Variedades, 85 de Política, 86 de Esportes e 23 de Polícia.

O jornal saiu com muitos altos e baixos. As capas dos cadernos são muito bonitas, mas o mesmo não se pode dizer das páginas internas que, com exceções, estão pesadas e são de difícil leitura. A página de Polícia da edição do dia 18 de junho serve como exemplo negativo: não tem foto, a ilustração é pobre, os títulos são burocráticos e frios.

FRASE DA SEMANA

"A renúncia ainda é um imperativo"

Renan Calheiros, ex-líder do governo na Câmara dos Deputados

6/7/92

5. PERGUNTAS SEM RESPOSTA

Uma das regras do bom jornalismo é não deixar uma questão no ar, mas sim esclarecer as dúvidas, dar respostas concretas, satisfazer os interesses do leitor. No noticiário policial nem sempre é assim: o mistério faz parte de uma história e várias perguntas ficam mesmo sem resposta. Na década de 50 existia até uma revista policial que tinha uma interrogação no título: "Quem Foi?" A reportagem policial da *Folha da Tarde*, no entanto, anda exagerando na dose.

Na edição de segunda-feira o jornal noticiou um caso carregado de mistério e impressionante brutalidade, mesmo numa cidade como São Paulo, marcada por um cotidiano de violência: dois homens mascarados invadiram uma casa na Vila Mariana, onde funcionava uma pequena empresa de informática, mataram três irmãos e espancaram outras duas mulheres da mesma família, que desmaiaram e escaparam da chacina.

O crime mereceu destaque no jornal: foi publicado no alto de página, com título em seis colunas (a largura total) e chamada em duas colunas na capa da edição. O relato do repórter foi frio e superficial e, além de dúvidas próprias do caso, deixou outro mistério, por conta própria, para o leitor: como foram mortas as três pessoas? A tiros, a facadas, a pancadas?

Na edição do dia seguinte o jornal retomou o caso com menor destaque e, com base nas suspeitas de um delegado, levantou a possibilidade de o pai das duas sobreviventes ser o assassino. O pai "teria um caso amoroso" com as duas. Com isso o jornal encerrou o assunto. Uma questão básica continuou sem resposta: como foram mortas as três pessoas?

Para esclarecer o mistério o ombudsman teve de recorrer a outras fontes de informação. E soube que a carga de brutalidade havia sido muito maior: as vítimas foram amarradas, tiveram as cabeças envolvidas em sacos plásticos e estavam com ferimentos provocados por balas e facadas. Havia ainda, de acordo com outras publicações, suspeitas de envolvimento da família com contrabando.

Para evitar falhas desse tipo, o repórter não deve se esquecer de responder, no início do texto, às questões principais em torno de um fato: quê, quem, quando, como, onde, por quê. É o tradicional lide, que dá as informações básicas no começo, permitindo ao repórter maior liberdade no restante do texto.

Dois dias depois, na edição de quarta-feira, a reportagem policial deu outra deslizada. Ao noticiar uma perseguição policial a dois rapazes no Butantã, que terminou com a morte de um deles, o repórter citou uma série de detalhes, mas esqueceu de dizer os motivos da operação. Os dois eram assaltantes? Sequestradores? Estupradores? Um mistério que não se justifica, mesmo numa história policial.

NADA COMO UM BOM ACORDO

O acordo da dívida externa, anunciado na quarta-feira, conseguiu uma proeza: tirar das manchetes dos jornais as acusações de envolvimento de Collor no mar de lama que é o caso PC. Menos da *Folha da Tarde*. A notícia está na primeira página, mas numa chamada pequena, seca (em texto) e com tom crítico: "Sai acordo da dívida e Collor fatura". Fez muito bem.

A *Folha da Tarde* e a *Folha de S.Paulo* puseram o acordo em seu devido lugar com uma análise crítica do jornalista Fernando Rodrigues: "O país não tem o que comemorar. Fazer acordo é fácil, o difícil é cumprir". O *Diário Popular* saiu com uma manchete pontuada de exageros: "Volta o otimismo – Acaba a novela da dívida externa". Basta consultar meia dúzia de pessoas, na rua ou no meio empresarial, para constatar que o otimismo ainda vai demorar para voltar.

FRASES DA SEMANA

"Há jogadores que não merecem estar no primeiro time do São Paulo"

> Telê Santana, técnico do São Paulo, depois da derrota para o Vasco por 3 a 0, que tirou seu time da final do Campeonato Brasileiro

"Não adianta chorar depois do leite derramado"

Vicente de Aquino, editor de Esporte da *Folha da Tarde*, comentando as declarações de Telê Santana

13/7/92

6. NA CABEÇA DA PM

Nunca a PM matou tanto e nunca tantos PMs se mataram em São Paulo. Estatísticas oficiais mostram que os números quase dobraram em relação ao ano passado. Os suicídios entre os soldados são cinco vezes maiores que a média da população. Sinal de que há um desequilíbrio emocional muito grande entre a força encarregada de zelar pela segurança da população. Os jornais não se deram conta da gravidade dessa situação e parecem contaminados pela banalização da morte.

A instabilidade emocional provoca casos como o de um policial militar que, ao reagir a um assalto, atirou a esmo e, em vez dos ladrões, acabou matando um rapaz que nada tinha a ver com o caso. A *Folha da Tarde* noticiou o crime de forma burocrática, com a frieza de um boletim de ocorrência. A própria PM aconselha a população a não reagir a assaltos.

A questão dos suicídios de PM é tão grave que a Escola Paulista de Medicina está fazendo um trabalho dentro da corporação para ir ao fundo do problema. Em 1979 houve seis suicídios na corporação. Só neste ano já foram registradas cem tentativas, com 24 mortes. "Uma escalada assustadora", disse o professor José Roberto Leite, numa entrevista ao *O Estado de S. Paulo*. Três dias depois, mais um PM se matava, supostamente por descobrir que estava com Aids.

São Paulo é uma cidade violenta, mas o crescimento das mortes atribuídas à PM é desproporcional. De acordo com as versões oficiais, quase sempre os policiais matam porque enfrentaram reação dos criminosos.

A imprensa tem um papel importante na vigilância das ações da PM, para evitar que o poder de polícia não se vire contra a população. A *Folha da Tarde* se guia sempre pelo princípio de que toda pessoa não pode ser pré-julgada numa reportagem. A não ser em casos óbvios, uma pessoa só pode ser classificada de assassino ou bandido depois do julgamento.

O jornal, no entanto, tem falhado na vigilância das arbitrariedades. Na edição do dia 2 de julho, quinta-feira, informou que um promotor iria requerer à Corregedoria da Polícia Judiciária Militar a instalação de sindicância para apurar denúncias da formação de um grupo de extermínio formado por policiais militares. O mesmo promotor cobrou do comando da Polícia Militar explicações sobre cinco casos de violência da Rota. Dizia a nota que a PM prometeu entregar um relatório "até o fim da semana". O jornal nunca mais voltou ao assunto.

FRASE DA SEMANA

"O autor é comunista, os diretores são comunistas, os atores quase todos são... é o *soviet* que está ali dentro da Globo"

General Rubens Resstel, 71, sobre a minissérie *Anos Rebeldes*, de Gilberto Braga, no *Jornal da Tarde*

LIÇÃO DE MESTRE

No vídeo *Karajan em Salzburgo*, lançado no Brasil pela Phonogran, o regente ordena aos cantores, durante os ensaios de uma ópera de Mozart: "Cantem com mais clareza, o público paga o ingresso para entender o que vocês estão cantando". As palavras do maestro podem ser estendidas para muitos redatores que insistem em complicar seus textos: escrevam com clareza, o público pagou para entender o que vocês estão escrevendo.

27/7/92

7. MATAR OU MORRER

Este ombudsman levantou, no artigo da semana passada, uma questão importante da cidade, a matança – quase 70 mortes só neste ano – que acompanha as ações da Polícia Militar em São Paulo. Como prova de que a cabeça dos soldados da corporação não vai bem, citou o alto índice de suicídios na tropa, cinco vezes maior que a média da população. A imprensa não percebeu a gravidade da situação, alertou.

O repórter Marcelo Godoy, que cobre a área policial na *Folha da Tarde*, nega a omissão dos jornais e encaminhou um relatório ao ombudsman em que, na essência, lembra que os jornais têm registrado o aumento, ano a ano, do número de pessoas mortas em supostos tiroteios com a PM. Exato, os jornais estão registrando a matança e com isso nada mais fazem que cumprir sua obrigação de informar.

É natural que numa cidade violenta como São Paulo o número de mortos seja grande, mas não são poucos os casos de inocentes assassinados por entrar na linha de fogo da PM. Relatório da Anistia Internacional exclui o Brasil dos países com violência política, mas alerta para o desrespeito aos direitos humanos nas camadas mais baixas da população.

As reportagens desses casos vêm se resumindo, na maioria dos casos, a textos elaborados de forma burocrática, que não vão além das versões oficiais, não avançam, não ousam, não passam de meros registros. Mesmo reportagens mais ambiciosas, que ocupam maior espaço, têm se mostrado tímidas, sem força.

A questão do alto índice de suicídios na Polícia Militar vem sendo também acompanhada pela *Folha da Tarde*, mas sem grandes voos. Um policial militar resumiu desta forma o dilema em que os soldados são colocados: matar ou morrer.

O vigor que falta à polícia sobra na política. As reportagens investigativas, a corrida pelos furos, as informações quentes de bastidores que caracterizaram as grandes coberturas policiais, marcam a CPI do caso PC. A imprensa, que nos anos rebeldes teve de reduzir o noticiário político pela ação da censura, mostrou força e agressividade e colaborou na descoberta do mar de lama que se escondia sobre o manto de falsa moralidade.

Há uma diferença abissal entre registro e reportagem. O registro pode até ocupar uma página, mas não terá a mesma repercussão. Uma boa reportagem pode até derrubar um presidente da República.

NA BOCA DO POVO

Até o jornal *Notícias Populares* deixou o noticiário policial de lado em sua manchete de quinta-feira passada. O escândalo revelado na CPI do caso PC está na boca do povo.

FRASE DA SEMANA

"Primeiro o PC disse que todos éramos hipócritas, depois o Mario Amato disse que éramos corruptos, agora vem o Cláudio Vieira e acha que somos burros"

Roberto Requião, governador do Paraná, na *Folha da Tarde* do dia 29 de julho

COLLOR NA CABEÇA

Das 26 manchetes da *Folha da Tarde* no mês de julho, 13 se referiam à CPI do caso PC. Dessas 13, oito tinham o nome de Collor:
"Collor diz que não sai"
"CPI pega fogo, Collor se diverte"
"Collor tem negócios com PC"
"Collor joga chuva de dinheiro no Nordeste"
"Collor breca CPI e volta a respirar"
"Nem Vieira salva Collor"
"Secretária entrega Collor"

DE RÁDIO A DISCO VOADOR

Outras sugestões de leitores transmitidas ao ombudsman:

- O comerciante Hélio Venâncio, preocupado com a grande

quantidade de cheques "voadores", sugere uma coluna com uma relação de cheques roubados, que poderia ser afixada nas caixas.

• O radialista René J. Rodrigues acha que está faltando no jornal uma coluna sobre rádio, no estilo do "Zapping".

• A leitora Maria do Carmo sugere a publicação diária do quadro com a lista dos parlamentares pró e contra o *impeachment*, como o jornal fez com os deputados de São Paulo no caso dos carros oficiais.

• O ufólogo José A. Seixas quer uma coluna sobre discos voadores. A coluna, segundo o leitor, poderia dar um serviço sobre os locais onde os óvnis podem ser observados.

CENSURA ÀS AVESSAS

Uma leitora que pediu para não ser identificada sugere a criação de uma coluna com a "orientação moral" de filmes e fitas de vídeo. Um comentarista assistiria ao filme do ponto de vista moral e daria uma cotação do tipo "excesso de sexo", "violência demasiada" e "condenado", para filmes com sexo explícito.

A sugestão se baseia numa coluna que foi publicada nos anos 50 no jornal *A Gazeta*. A seção acabou quando se descobriu que os maiores leitores eram garotos e adolescentes que consultavam o guia antes de ir ao cinema. A orientação acabava tendo efeito contrário: a garotada procurava os filmes condenados (geralmente produções europeias com algumas cenas de nudez) fugindo dos "recomendados" (filmes de Walt Disney e produções edificantes ou religiosas, como *Canção de Bernadete*).

3/8/92

FT DÁ DUAS MOTOS NOVINHAS PRA VOCÊ

Veja como participar da promoção realizada pela **Folha da Tarde**, pelo 89FM e pela Warner, distribuidora do filme "Máquina Mortífera 3" no Brasil. Além de duas motos Agrale Elefantre 30.0, você pode ganhar estadias nos hotéis da rede Othon, camisetas, bonés e fitas de vídeo
Pág. D-6

FT
São Paulo, Sábado
15 de agosto de 1992
Cr$ 2.000,00

FILMES NA TV

HOJE
"Ironweed", às 23h, na Bandeirantes
"A Megera Domada", às 2h10, na Globo

AMANHÃ
"Impacto Fulminante", às 22h50, na Globo
"A Malvada", à 1h, na Globo

TEMPO EM SP

Parcialmente nublado passando a ensolarado.
Pág. B-2

Mínima 9 Máxima 21

Folha da Tarde

USE PRETO EM PROTESTO

País reage contra Collor

O governo convoca uma manifestação verde e amarela em apoio a Collor; a oposição organiza atos pelo impeachment

Na luta para fortalecer o governo, a Caixa Econômica Federal determinou que todas as agências sejam enfeitadas com bandeiras brasileiras ou faixas verde-amarelas —na quinta-feira, o presidente Collor havia pedido que os que o apóiam usassem essas cores amanhã. Mas uma pesquisa feita em 11 capitais mostrou que 67% dos entrevistados não estão dispostos a atender ao pedido. Os partidos de oposição também reagiram e orientaram seus filiados a usarem branco ou preto neste domingo. Ontem, no Rio, um ato pró-impeachment reuniu 20 mil pessoas. Págs. A-3 a A-5

Leia em Nossa Opinião o editorial "O Preto do Luto e da Vergonha". Pág. A-2

ESPORTES

O goleiro palmeirense Carlos treina para o jogo contra o Bragantino, amanhã às 15h30 em Bragança. O técnico Nelsinho conquistou o apoio da Mancha Verde e nem pensa em se demitir - Págs. C-1 e C-2

O LEITOR E A VIOLÊNCIA

Em %

Você já foi assaltado?
SIM 72,7
NÃO 27,3

Você fez boletim de ocorrência?
SIM 37,6
NÃO 58,8

O governo decepciona

Para metade dos leitores que responderam à pesquisa, o governo é o principal culpado pelos altos índices de criminalidade. Pág. B-1

CHEGA DE MOLEZA

	Parlamentares ausentes	Parlamentares presentes	Dias sem votar projetos importantes
ASSEMBLÉIA	46	38	3
CÂMARA	Não houve sessão		

Abaixo-assinado. *A estudante Mayza Parise, 19, é uma das 300 pessoas que já assinaram um pedido de impeachment do presidente, na banca Oscar Freire (Jardins). A idéia foi do publicitário Edmar Salles, "para mostrar a indignação da sociedade".*

Timão teme confusão na Fazendinha

A diretoria acha que muita gente pode ficar para fora no jogo contra o Santo André, amanhã às 15h30. A lotação da Fazendinha é de pouco mais de 14 mil torcedores. Pág. C-3

São Paulo decide com o Barcelona

O Tricolor bateu o Peñarol por 4 a 3 nos pênaltis (2 a 2 no tempo normal) e hoje às 15h30 faz a final do torneio de La Coruña, Espanha. Zetti foi herói ontem. Pág. C-3

Na sexta, a Assembléia vira deserto

Dos 84 deputados, só 39 foram às sessões. Este é o resultado do "acordo da vergonha", que libera os parlamentares para faltar sem nenhuma justificativa três dias por semana. Pág. A-6

Definido o tempo na TV para partidos

O PSDB vai abrir o horário eleitoral gratuito, segunda-feira, com cerca de oito minutos. O PDS terá 6min45 e o PT, 9min26. O partido com mais tempo é o PMDB: 18min15. Pág. A-5

Aumenta a "guerra" das mensalidades

Na Casper Líbero, 50 alunos acampam em frente à diretoria em protesto contra um aumento de 95% nas mensalidades. Na Osec, também há manifestações contra reajuste de 30%. Pág. B-6

Bala perdida em tiroteio fere garoto

Leandro Flávio de Melo foi atingido nas costas numa perseguição de policiais civis a ladrões de moto na Água Fria (zona norte). A bala ficou a dois milímetros da coluna. Pág. B-5

ESPORTES NA TV

08h00. Último treino para o GP da Hungria de Fórmula 1. Globo
10h20. Campeonato Alemão: Hamburgo x Stuttgart. Cultura
13h30. Decisão do 3.º e 4.º lugares do Torneio Teresa Herrera, La Coruña x Peñarol. Bandeirantes
15h30. Decisão do Teresa Herrera, São Paulo x Barcelona. Bandeirantes
16h00. Campeonato Paulista, Internacional x Guarani. Manchete

AMANHÃ

09h00. GP da Hungria de Fórmula 1. Globo
12h00. Fórmula Ford em Brasília. Manchete
15h30. Campeonato Paulista Portuguesa x Santos. Globosat

Fonte: Emissoras

Conta de luz aumenta 26% e bate inflação Pág. A-6

Saiba onde gastar menos com gasolina Pág. A-7

Compulsório vai ser pago em dinheiro Pág. A-7

Linha expressa liga centro a Santo Amaro Pág. B-2

Fábio Jr. não gostou dos outdoors espalhados pela cidade com a campanha publicitária da Arisco. "Estou horrível. Minha cara está marrom, estou sem lábio superior. Quem vê pode até pensar que não sou eu, é um Fábio Jr. Cover." Ele quer que todos sejam retirados. Hoje o cantor faz show no Ibirapuera. PÁGINA D-1

M ARISCO

Quantas vezes você tentou usar um lenço de seda com alguma roupa e não deu certo? Aprenda quatro maneiras diferentes de prender um lenço na página de **Moda**. PÁGINA D-8

O novo mascote olímpico, Wathizit (em inglês, "o que é isto?"), foi vaiado por 60 mil pessoas em um estádio de beisebol em Atlanta, nos EUA. Confira na coluna **Vestiário**. PÁGINA C-2

Você gosta de ver homens sem roupa? A coluna **Coisa de Mulher** de hoje fala sobre as mulheres e a onda de nudez masculina que invade TV, teatro e cinema. PÁGINA D-3

Música na TV: hoje tem Elvis na Bandeirantes, Skid Row na MTV, R.E.M. na Bandeirantes. Amanhã tem Iron Maiden na Manchete, Stanley Jordan na Manchete e Madonna na MTV. PÁGINA D-4

ÍNDICE

Desabafo A-2
Faça as Contas . A-7
Classificados B-4
Loterias C-1
Vestiário C-2
Espetáculos D-3
Coisa de Mulher D-3
Televisão D-4
Cinema D-6

A *Folha da Tarde* de 15 de agosto de 1992 saiu com a capa coberta de preto, contrapondo-se ao verde e amarelo invocado pelo então presidente Collor dias antes.

8. PRETO E BRANCO[2]

A *Folha da Tarde* rompeu seu esquema gráfico e surpreendeu os leitores com uma ousadia na capa da edição de sábado. Para se contrapor ao verde e amarelo que o presidente Collor invocou aos berros na quinta-feira, o jornal saiu com a capa coberta de preto. "Preto do luto e da vergonha", segundo o editorial da edição.

Hoje, excepcionalmente, o ombudsman estará atendendo a partir das 9h os leitores que quiserem dar sua opinião sobre a posição adotada pelo jornal e sobre o editorial "Preto do luto e da vergonha".

CONFIRA SE CONFERIU[3]

Houve época em que incêndios eram "debelados pelos heroicos soldados do fogo", doadores de sangue iam aos nosocômios para depositar um pouco de seu "precioso líquido" e jovens "inseridos no contexto" debatiam com causídicos temas que geravam polêmica. Essas expressões carregadas de exagero desapareceram dos jornais. O moderno texto jornalístico não recorre a chavões, evita a adjetivação e se caracteriza pelo despojamento e facilidade de compreensão.

Os chavões se foram, mas os modismos permanecem. De vez em quando algumas palavras "pousam" na cabeça de algum redator, viram moda e são usadas à exaustão, até sumirem desgastadas pelos excessos. Uma dessas palavras "frequentou" os jornais no ano passado: detonar. Detonava-se de tudo, de proje-

2 Em 29 de setembro de 1992, a Câmara dos Deputados aprovou o *impeachment* de Fernando Collor de Mello e o afastou do poder, com 441 votos contra 38. Apesar de o então presidente ter renunciado três meses depois, antes da votação no Senado, teve seus direitos políticos cassados por oito anos.

3 O título original foi: "Confira se detonou".

tos do governo a filmes, novelas e o noticiário policial. Detonar veio logo depois de "imperdível", que começou nos comentários de filmes e se espalhou por outras editorias. Todo filme que "caía no gosto" do crítico era "imperdível".

O *hit* deste ano é o verbo "conferir". Seu significado é amplo, mas na essência quer dizer verificar se está certo. Também começou a aparecer nos textos de variedades ("confira os ganhadores do Oscar...") e invadiu jornais, revistas, rádio, televisão e até anúncios. Se a chamada manda o leitor conferir uma notícia, pressupõe-se que pode haver algum erro nesse texto.

A língua é dinâmica, sofre mutações ao longo dos anos, incorpora novas palavras, como taxista (antigamente era chofer). O ombudsman recorre a outra palavra da moda – overdose – para prever que "conferir" não demora para sair da moda. O excesso é gritante: só a *Folha de S.Paulo* usou "conferir" quatro vezes seguidas na primeira página (edições dos dias 11, 12, 13 e 14). A *Folha da Tarde* mandou o leitor "conferir uma promoção nos *shoppings*" na primeira página da edição do dia 8. A palavra apareceu várias vezes em textos internos. Pode conferir.

Confira as promoções dos *shoppings*

Confira dicas para comprar micro usado

Confira as mudanças na telefonia

Confira o novo preço dos carros

"Overdose" de "confira" nas capas dos jornais

FRASES DA SEMANA

"Pedro que amava PC que amava Ana que amava Cláudio que amava Najum que amava Collor, que não ama ninguém"

Versão satírica do poema "Quadrilha", de Carlos Drummond de Andrade, exibida numa das faixas carregadas por estudantes em manifestação pelo *impeachment* do presidente Collor, na terça-feira

"Eu só vim porque a *Folha da Tarde* está aqui, senão eu não viria"

> Deputado Luiz Carlos da Silva, líder do PT na Assembleia Legislativa, ironizando a campanha da *Folha da Tarde* contra a semana de dois dias pretendida pelos parlamentares

17/8/92

9. REMANDO CONTRA A MARÉ

Nesta semana decisiva para o futuro do país, os estudantes voltam às ruas e deixam a marca da juventude no processo político desencadeado pela CPI do caso PC. Ao contrário dos "anos rebeldes", desta vez não há repressão e as autoridades até dão apoio às passeatas. A polícia aparece, mas só para organizar o trânsito.

A *Folha da Tarde*, que se vestiu de preto na edição do dia 15 e se posicionou pela renúncia do presidente Collor em editorial, recebeu ao longo da semana manifestações de apoio dos leitores. Apenas duas pessoas ligaram para criticar o jornal. Uma delas, para a surpresa deste ombudsman, era estudante universitária. De jornalismo.

Ana Cristina Guimarães, 23, está no 3º ano na Fiam (Faculdades Integradas Alcântara Machado) e se diz vítima de outro tipo de repressão, dos próprios estudantes.

"Quem tem a ousadia de dizer o que pensa sofre agressões verbais e morais. Fui ameaçada de linchamento no domingo, dia 16, quando decidi sair de verde e amarelo". Na faculdade, ouvi outras ameaças. "Se eu tivesse te visto na Paulista de verde e amarelo te enchia de lama", disse um colega.

"Muitos estudantes que pretendem mudar o mundo não sabem explicar as razões que os levaram a se posicionar politicamente contra o governo", diz Ana Cristina. "Que direito tem essa gente que nem sabe se expressar de me atacar?"

Ana Cristina acha que, ao publicar a primeira página em preto, o jornal induziu os leitores a se manifestar contra Collor. Ela cobra uma "posição ética" do jornal, conforme o *Novo Manual de Redação* da *Folha*: "O jornalista deve assumir compromisso apenas com a isenção na cobertura dos fatos, a liberdade de expressão, o direito de informar e o acesso do leitor a toda a informação importante".

O ombudsman garante que a *Folha da Tarde* respeita todos os preceitos éticos, mas também não abre mão do direito de opinar. Se o jornal tem publicado maior volume de notícias contra a posição de Collor é porque a grande maioria da população não acredita mais no presidente. Tanto que uma opinião em defesa de Collor surpreendeu o ombudsman e mereceu este comentário.

***

Vários leitores sugerem ao ombudsman mudanças nas formas de protesto contra Collor. Edgard Bergman, por exemplo, acha que os manifestantes deveriam sair de azul e branco, que também são cores da bandeira, no lugar de verde, amarelo e preto. Francisca Miotto sugere a publicação de uma bandeira brasileira com uma tarja preta na capa.

***

José Franco Aparecido trabalha na Paulista e reclama das manifestações e passeatas que bloqueiam quase todos os dias a avenida. Ele chama a atenção das autoridades para a existência de vários hospitais na região, como o Santa Catarina, as maternidades São Paulo e Pro Matre. José sugere uma seção fixa no jornal que publique todas as manifestações, seja de estudantes, aposentados ou funcionários públicos não só na Paulista, mas também em outras avenidas da cidade. Se o leitor souber antes onde vai haver passeata, pode planejar uma rota alternativa para evitar os locais críticos.

***

Muitas vezes um mapa, um gráfico ou um desenho são mais úteis ao leitor que um texto explicativo. Uma flechinha num gráfico, por exemplo, pode economizar um espaço enorme. Mas um mapa malfeito só ocupa espaço e não atinge seu objetivo de indicar determinados pontos. Na sexta-feira, a *Folha da Tarde* publicou um desses mapas na primeira página. O objetivo era mostrar aos leitores as mudanças no trânsito da região do autódromo de Interlagos por causa do GP Brasil de motovelocidade. Um mapa bonito, mas pouco informativo, e frustrante.

***

Os torcedores do Palmeiras são os que mais ligam para o ombudsman em defesa do clube. O leitor Cláudio Scartezini não gostou do título "Técnico esnoba Palmeiras", na edição de sexta-feira. Diz o leitor que o jornal forçou a barra, pois lendo o texto fica claro que o técnico Candinho não poderia aceitar o convite dos cartolas palmeirenses porque já havia acertado com um time da Arábia Saudita. Para Scartezini, Candinho é um palmeirense autêntico (jogou nas equipes de baixo do clube) e nunca esnobaria o time.

***

A *Folha da Tarde* deu um bom material sobre os planos de transportes dos candidatos à sucessão de Erundina [Luiza Erundina foi prefeita de São Paulo de 1989 a 1992]. O gráfico que acompanhava a reportagem, no entanto, usou números da prefeitura, que é parte interessada na campanha eleitoral. Os números mostram que o número de passageiros por metro quadrado no Metrô caiu de 11 a 13 para 7,6. Acredite se quiser.

31/8/92

10. A MORAL DA IMORALIDADE

Na edição de terça-feira a *Folha da Tarde* foi às bancas com uma manchete bem-humorada – "Uma, duas, três vaias" – sobre as manifestações populares contra Collor durante o desfile comemorativo do Dia da Independência, em Brasília. Duas fotos ilustravam a chamada para a reportagem. Numa, o casal presidencial Fernando e Rosane recebiam as vaias com o chamado "sorriso amarelo". Em outra, uma bailarina protestava à sua maneira, mostrando os seios.

Algumas pessoas classificaram a foto da bailarina de "grossa, posada, obscena". O ombudsman, que faz uma leitura crítica do jornal, achou a foto divertida e bem de acordo com o tom de humor que a página transmitia ao leitor. Na verdade, a foto não tem qualquer mérito artístico ou estético. Ela vale dentro do conjunto da página: a nudez em meio à imoralidade da corrupção, o sorriso falso, a sisudez da parada militar, a data nacional.

Afinal, onde está a obscenidade? Nos seios da moça ou nas intrigas palacianas, nos conchavos aéticos na tentativa de salvar Collor? Depois de Cicciolina, mostrar os seios não choca mais. O que choca mesmo é ver os jardins da Casa da Dinda e suas fantásticas cascatas.

Uma leitora reclamou da foto, mas sob outro ponto de vista. A exposição dos seios tiraria a seriedade do movimento pelo *impeachment* de Collor. A brincadeira pode causar um dano político irreversível, abre flancos para o contra-ataque do governo, alertou.

A preocupação da leitora foi em vão, porque o protesto da bailarina não teve a repercussão que ela temia. Pior que isso foi a distribuição de material de propaganda contra Collor pelo governo do Estado. O governador Fleury, constrangido, admitiu a participação de servidores estaduais na distribuição do kit (camiseta, bandeirinha, *buttons*). Posteriormente atribuiu ao PMDB a confecção do material.

A iniciativa do governo estadual provoca o mesmo tipo de indignação que o esquema "É dando que se recebe" do grupo presidencial. Mostrou que a falta de ética não é exclusividade federal. A *Folha da Tarde*, que se posicionou pelo *impeachment* do presidente, acompanhou o caso de perto, obrigando Fleury a buscar desculpas para o gasto do dinheiro público na propaganda anti-Collor.

Na edição de quarta-feira o jornal usou o mesmo espaço em que marcou sua posição pela substituição do presidente para criticar a gastança do nosso dinheiro numa ação política. "Se queria protestar, que tivesse feito como milhões de brasileiros andam fazendo: usasse seu próprio bolso", dizia o editorial.

AS PALAVRAS ENGANAM

O jornal publicou, em recente edição, um título que considerei antológico: "Polícia diz que mortos roubaram casa". Não é, como pode parecer, nenhum fantasma dos muitos que têm surgido pelo país. O redator quis dizer que os assaltantes mortos num tiroteio com a PM tinham roubado uma casa. Uma palavra fora de lugar acaba mudando totalmente o sentido de uma frase.

Na edição de quinta-feira passada, um título mal construído esfriou uma reportagem interessante: "Médico cobra cirurgia pelo Inamps". Um título desses não atrai a atenção dos leitores, afinal é normal que se cobre uma cirurgia pelo Inamps. O centro da notícia era a cobrança por fora. No caso, o médico pediu, através de sua secretária, Cr$ 10 milhões por fora, para fazer uma cirurgia.

No mesmo dia, havia outro exemplo de ambiguidade. A introdução de um texto sobre a mulher e a Aids foi publicada da seguinte forma: "Médica diz que educação faz mulheres esquecerem cuidados como a camisinha". O leitor entende que as mulheres deixam as camisinhas de lado para não parecerem mal-educadas. O que o redator quis dizer, com base numa declaração de uma especialista na doença, a médica Valéria Petri, é que uma educação preconceituosa faz com que elas não se preocupem com a segurança num relacionamento sexual.

OS LEITORES SUGEREM

João Batista Ochmer, 33, é um leitor assíduo da *Folha da Tarde* e não se conforma que o jornal não circule aos domingos.[4] Ele sugere também uma seção de carros maior, com tabela de preços de veículos novos e usados.

Ana Maria Toselli da Silva pede que o jornal publique as notícias com letras maiores, pois muita gente, como ela, tem problemas na vista e dificuldades na leitura. Ela cita como a seção mais difícil de ler a programação geral de televisão, no caderno Plural.

Um leitor que pediu para não ser identificado diz que os jornais deixam de acompanhar determinados casos depois de algum tempo e nunca se fica sabendo como ele acabou. Sua sugestão: a criação de uma seção que poderia se chamar "O que aconteceu", para mostrar em que pé estão casos que foram noticiados e desapareceram dos jornais.

14/9/92

4 O jornal passaria a circular aos domingos a partir de 1º de maio de 1994. Ver coluna 60, p. 181.

11. UMA EXPLOSÃO DE ÓDIO E INTOLERÂNCIA

A *Folha da Tarde* caiu na conversa do governo, acreditou que a rebelião na Casa de Detenção[5] [então a maior do Brasil, conhecida popularmente como Carandiru] havia terminado com oito mortos e informou errado seus leitores na edição de sábado, dia 3. Mas quando soube da verdade – os mortos passavam de cem – o jornal levantou-se e teve uma magnífica reação. Fez a melhor cobertura do massacre.

Não costumo ficar derramando elogios ao jornal, mas não há como deixar de reconhecer que a reportagem bateu no lugar certo. Mostrou não só os bastidores da rebelião no presídio, mas também na cúpula do governo estadual, onde a preocupação maior era com a repercussão do episódio na votação do candidato da situação à Prefeitura de São Paulo, Aloysio Nunes Ferreira.

Este ombudsman recebeu durante a semana uma série de telefonemas de leitores que acusavam o jornal de defender os presos, deixando de lado os soldados da tropa de choque da PM, que invadiram a prisão. A maioria recorria a uma pergunta que virou chavão: "Por que vocês não defendem os direitos humanos das vítimas?"

Antes de mais nada era uma questão puramente aritmética: morreram mais de cem presos e nenhum policial. O jornal não criticou os soldados, que obedeciam a ordens superiores e podem ter sido colocados, dentro do presídio, na situação de matar ou morrer. Nos editoriais publicados no decorrer da semana, a *Folha da Tarde* cobrou responsabilidades do governador. A demissão do secretário da Segurança, Pedro Franco de Campos, foi, portanto, natural. Em qualquer país civilizado ele teria se demitido antes.

5 Em 2 de outubro de 1992, cerca de 360 policiais invadiram a Casa de Detenção e mataram 111 presos.

O que mais impressionou o ombudsman foi a carga de ódio e a intolerância das pessoas que defendiam a ação da polícia. Na sexta-feira o número de telefonemas cresceu. Uma senhora de 65 anos, de voz delicada e pausada, como daquelas vovós que contam historinhas para os netos, sugeria nada menos que a execução sumária de todos os presos de outros pavilhões "para abrir vagas na Detenção, já que falam tanto na superlotação das celas".

O nível de radicalização desse pessoal podia ser medido na reportagem mostrada pelo *Aqui Agora* de sexta-feira. Um grupo que se manifestava a favor da polícia na frente do quartel da Rota, na avenida Tiradentes, agrediu sem motivos um repórter do SBT. "É só por ser jornalistas, vocês são todos defensores de presos", gritou um dos manifestantes.

Voltando do trabalho o ombudsman pegou um táxi, um Volks Apollo impecável, dirigido por um motorista de meia-idade muito educado e de bom papo, que reclamava dos filmes atuais exibidos pela TV, "que só têm sexo e violência". Quando soube que eu era jornalista sua expressão mudou repentinamente. Exaltado, começou a atacar a imprensa e disse que havia uma guerra declarada pelos bandidos. "E quem entra numa guerra é para matar ou morrer", afirmou.

***

Meu avô materno, que deixou o Japão nos anos 20, fugindo de um país dominado pelo militarismo, a caminho de uma guerra mundial, dizia que só por duas coisas o Brasil é um país maravilhoso: não tinha terremotos e nem guerra. Terremotos ainda não temos. Mas guerra é uma dúvida...

12/10/92

12. OS FISCAIS DO JORNAL

A *Folha da Tarde* tem um grupo de leitores muito especiais. São na maioria assinantes, mas fora isso não possuem qualquer vínculo com o jornal. Eles não apenas leem – saboreiam cada edição da primeira à última página e ligam quase diariamente para o ombudsman. Comentam as principais notícias do dia, apontam erros e sugerem reportagens.

São pessoas de formações diversas, advogados, engenheiros, comerciantes, donas de casa e aposentados. Muitas, quando discordam da posição do jornal, ameaçam cortar a assinatura. Mas acabam voltando atrás. "É como cachaça, não dá para ficar sem ele", comentou um leitor.

O número de telefonemas cresce quando as notícias são quentes. Nos últimos dias o noticiário tem sido abrasador. *Impeachment* de Collor, a rebelião e massacre na Casa de Detenção, as eleições municipais e a morte do deputado Ulysses Guimarães deram o que falar. A coluna de hoje está reservada para esses fiscais, não apenas da *Folha da Tarde*, mas de todos os jornais de São Paulo.

Não cito os nomes dos leitores porque muitos pedem o anonimato.

***

Uma das críticas à *Folha da Tarde* é a precipitação em alguns casos. Uma leitora de Pinheiros cita a manchete da página A-5 do dia 19 de setembro: "Dona Leda tem poucas chances de viver". Quase um mês depois, a mãe do presidente Collor deixou a UTI (Unidade de Terapia Intensiva) do hospital onde estava internada, no Rio, e foi trazida a São Paulo, para efetuar exames médicos no Hospital Albert Einstein. Mostrou que tem chances de viver.

***

Outro caso de precipitação: na linha fina da manchete da edição do dia 14 de outubro a *Folha da Tarde* informa que o corpo do deputado Ulysses será velado no Congresso. "Não há erro nesse caso, mas o jornal poderia pelo menos aguardar a localização do corpo", comenta a mesma leitora de Pinheiros.

***

No capítulo contradições, um leitor da Lapa observou que o jornal publicou uma mesma foto em dias diferentes, uma no dia 13 e outra no dia 14. O pior é que a legenda dava informações diferentes, apesar de ser a mesma imagem. No dia 13, a legenda dizia que "Nilson Gibson (presidente da CPI da Vasp) entrega documentos sigilosos à secretária da CPI". No dia seguinte a legenda dizia exatamente o contrário: "O deputado Nilson Gibson recebe documentos do Banco Central".

***

Outra contradição: no noticiário sobre o acidente que matou o deputado Ulysses Guimarães, o jornal dizia, num texto, que o helicóptero acidentado pertencia à empresa São Jorge, e em outro, que era da Magirus Táxi Aéreo. Só depois ficou esclarecido que a Magirus pertence às Indústrias Reunidas São Jorge.

***

No dia 10 os leitores da *Folha da Tarde* ficaram sabendo que a tarifa de táxi iria subir 27,34% no dia 17, o que elevaria a unidade taximétrica para Cr$ 2.500,00. A mesma notícia saiu na edição do dia 14 com outro percentual, 35,14%. A unidade taximétrica continua nos Cr$ 2.500,00. Como o jornal não publicou a tarifa anterior, o leitor não tinha jeito nem de conferir a conta.

***

Um leitor de Itaquera acusa os jornais de forçarem a barra das chamadas de primeira página só para vender jornal. Mas o exemplo que ele deu era do *Jornal da Tarde*, e não da *Folha da Tarde*. A chamada a que ele se referiu saiu na sexta-feira, dia 16, e dizia: "Casa própria: um desconto de 50% na prestação". Era bom demais para ser verdade. O desconto só vale para a primeira prestação dos novos financiamentos. E o objetivo não é o de beneficiar o comprador, mas sim as construtoras, que estão com muitos imóveis encalhados devido à crise. Como os salários andam baixos, a maioria dos interessados em comprar a casa própria não atinge o valor da renda familiar exigida para assinar o contrato. Com o desconto de 50%, o mutuário passa a ter a renda estipulada, proporcional ao seu salário. Mas é como o lixo jogado debaixo do tapete: o desconto vai ser cobrado a partir da segunda prestação, devidamente acrescido de juros e correção. Como o desconto é só na primeira prestação, imagine a dificuldade que o mutuário vai ter para pagar.

***

O ombudsman continua recebendo ligações de leitores que protestam contra a "insistência" da *Folha da Tarde* em atacar a Polícia Militar no caso da chacina da Detenção. O jornal, no entender deles, ouve apenas as pessoas que acusam os policiais e não dá chances para a defesa da PM. O ombudsman acha que jornal não é tribunal e não julga se a polícia está certa ou não. O que a *Folha da Tarde* condena é a selvageria e a violência que vêm marcando a atuação da corporação nos últimos anos. Violência pela violência leva apenas a mais violência.

***

O TÍTULO DA SEMANA

"Rússia condena o comunista que devorava criancinhas"

> Sobre a condenação do ex-professor Andrei Tchikatilo, acusado de torturar, matar e devorar 21 meninos, 14 meninas e 17 mulheres, publicada na *Folha da Tarde* do dia 15 de outubro

19/10/92

13. NEM PARECE ELEIÇÃO

Nem parece que estamos às vésperas de uma eleição que pode mudar o destino de São Paulo.[6] Apesar dos debates, do horário gratuito na TV e da troca de acusações, Paulo Maluf e Eduardo Suplicy não conseguiram ainda levantar a população. O ombudsman tem recebido poucos telefonemas de leitores sobre a votação do próximo domingo.

Creio que, por incrível que pareça, uma das razões dessa indiferença é exatamente a bem definida posição política dos candidatos. Aglutinada em dois blocos, a maioria dos eleitores parece já ter definido seu voto. Desta vez não há meio-termo. O discurso malufista pode ter mudado, mas seu eleitorado não. O tom liberal que o candidato do PDS tenta transmitir soa falso, tanto quanto a cantoria de seus cara-pintadas do grupo Polegar. Jamais vai convencer o eleitor de Suplicy. Da mesma forma, os votos de Suplicy não vão migrar porque sua conduta ética foi questionada no episódio da utilização indevida de cenas do debate da Rede Bandeirantes/*Folha da Tarde* no horário eleitoral.

A campanha do segundo turno foi também atropelada pela força de acontecimentos paralelos, como o massacre de 111 presos na Casa de Detenção, a rebelião e fuga de 525 internos na Febem, a CPI da Vasp, a sequência do julgamento de Collor e o pacotaço tributário de Itamar. Estes acontecimentos podem influir na votação, mas, a julgar pelas pesquisas, não o suficiente para provocar uma reviravolta na situação.

Uma das manifestações sobre as eleições de São Paulo veio de um leitor de Curitiba, Luiz Antonio Coutinho. Ele é paulistano, mas mora há oito anos na capital do Paraná e acusa a *Folha*

6 Paulo Maluf foi eleito prefeito de São Paulo nas eleições de 1992.

da Tarde de adotar "linha nitidamente petista". O leitor se referia à manchete "Maluf salva Quércia na CPI", publicada na edição do dia 30 de outubro. "Se Maluf não fosse candidato, a manchete seria essa?", pergunta.

Na quinta-feira, o leitor Fernando Watanabe Junior ligou para acusar o jornal de fazer o jogo do candidato do PDS por ter publicado uma pesquisa Datafolha que constatou avanço de Maluf (de 52% para 54%) e queda de Suplicy (de 37% para 36%). O que deixou o leitor mais irritado foi outra pesquisa, que deu Maluf como o vencedor do debate da Rede Bandeirantes/*Folha da Tarde*. Ele diz que não é petista, mas acha que o vencedor, "sem dúvida", foi Suplicy.

DE CORPO E ALMA

O público feminino se sentiu enganado pela Rede Globo, que alardeou uma cena em que Victor Fasano iria aparecer nu na novela "De Corpo e Alma". A TV faturou 58 pontos no Ibope e mostrou muito pouco, segundo a coluna "Zapping". "Nota zero", reagiu a colunista Sonia Abrão, do *Diário Popular*: "Ele passou voando pelas câmeras, foi pura enganação".

Os jornais tiveram culpa nessa enganação. Até o outrora sisudo *Estadão* ajudou a criar expectativas, publicando uma foto posada do autor nu, montando um cavalo. No alto da primeira página.

- A edição especial sobre os cem anos do viaduto do Chá mostrou as fotos premiadas no concurso da *Folha da Tarde*. Fotos bonitas formalmente, mas frias e sem vida. Faltou gente.
- Os cadernos especiais enriquecem o jornal. O de sábado, com tudo sobre as semifinais do Campeonato Paulista, ficou muito bom.
- O leitor Douglas Fábio Gava, 31, estudante de direito, alerta para o perigo da radicalização na questão da violência. "A inversão de valores abre as portas para o fascismo".

9/11/92

14. NOTÍCIA CHAPA BRANCA

Não tenho qualquer preconceito contra o *release*, notícia oficial geralmente distribuída por assessorias de empresas, agências de publicidade, departamentos de comunicação social de estatais e órgãos públicos. Na maioria das vezes, é material auxiliar importante na elaboração de uma reportagem. O jornalista ganha tempo e evita erros de informação.

O problema é que existem *releases* e *releases*. Isso exige do repórter senso jornalístico suficiente para avaliar o texto, verificar se os dados são confiáveis, se não há distorção e se as informações não estão direcionadas para atender só aos interesses da fonte da notícia. O bom *release* evita elogios e dispensa adjetivos. Deve informar e não discursar. Algumas assessorias de construtoras recorriam a comparações para mostrar as proporções de uma determinada obra. Até recentemente, o principal ponto de referência era o estádio do Maracanã, no Rio.

Tal obra consumiu cimento suficiente para construir dez Maracanãs, alardeavam os *releases*. Mas o estádio, o maior do mundo, começou a dar sinais de velhice e, depois de um acidente (uma grade se rompeu e vários torcedores foram jogados de uma altura de 20 metros), acabou sendo interditado e desapareceu dos *releases*.

Quando são preparadas por pessoas não habilitadas, a peça informativa tende a se transformar num amontoado de autoelogios. Alguns chegam a lembrar as sinopses das capinhas das fitas de vídeo, com palavreado vazio, sem indicações que interessam ao leitor.

Há algum tempo, quando havia um feriadão (na quinta ou na terça-feira) a Telesp "enforcava" o dia útil ensanduichado. A empresa enviava aos jornais um *release* garantindo que a Telesp iria trabalhar no feriadão. Não havia qualquer mentira: as telefonistas estariam de plantão e os serviços tipo "hora certa" funcionariam normalmente, como funcionariam com ou sem o feriado. Mas as lojas da empresa e o setor administrativo estariam fechados.

Para não dizer logo de cara que estaria fechada num dia útil, a Telesp tentava amenizar uma notícia que poderia ser mal recebida pela população, invertendo a cabeça.

***

Mesmo numa entrevista coletiva os jornalistas podem cair numa armadilha do tipo *release*. Na quinta-feira passada a Companhia de Engenharia de Tráfego (CET) anunciou mais uma operação no trânsito da cidade "para evitar acidentes". Prometeu colocar 1.250 funcionários nas ruas, argumentando que dezembro é o mês recordista em acidentes com carros.

Mas um dado importante foi colocado em segundo plano, inclusive pelos jornais: os marronzinhos (homens da CET que trabalham nas ruas da cidade) cuidarão de boa parte da operação multando para valer. Ninguém puxou a notícia pelo lado das multas.

O que era mais interessante para o leitor: a notícia de mais uma intervenção da CET no trânsito ou a volta dos marronzinhos para outro festival de multas? O leitor está com a palavra. O ombudsman atende a partir das 14h.

GUERREIRO 1

Os jornais não deram atenção para uma faixa de pano com dizeres em japonês que os campeões mundiais do São Paulo trouxeram de Tóquio amarrada na cabeça. Toninho Cerezo não tirou esse *hachi-maki* (como é chamada no Japão) mesmo fora do aeroporto. A inscrição de sua faixa dizia *kamikaze*.

GUERREIRO 2

Kamikazes eram os pilotos japoneses que iam ao encontro dos inimigos a bordo de verdadeiras bombas ambulantes, sem paraquedas, sem gasolina para a volta e se atiravam nos navios americanos. Na cabeça, a mesma faixa usada por Cerezo, com os dizeres "vitória total". Não é à toa que no Ocidente *kamikaze* é quase sinônimo de loucura.

GUERREIRO 3

O escritor bissexual Yukio Mishima (retratado no filme *Mishima*, de Paul Schraeder), também enfaixou a cabeça para o seu impactante suicídio na frente das câmeras de TV. Ele rasgou a barriga com uma espada de samurai e foi decapitado por um companheiro de loucuras. A inscrição de sua faixa: "Sete Vidas". Os estudantes japoneses não pintam a cara, mas não dispensam a faixa em suas manifestações.

GUERREIRO 4

Guerreiro que é guerreiro não pinta os cabelos de vermelho. Uma faixa na cabeça cai melhor.

GUERREIRO 1 — *Os jornais não deram atenção para uma faixa de pano com dizeres em japonês que os campeões mundiais do São Paulo trouxeram de Tóquio amarrada na cabeça. Toninho Cerezo não tirou esse "hachi-maki" (como é chamada no Japão) mesmo fora do aeroporto. A inscrição de sua faixa dizia "kamikaze".*

GUERREIRO 2 — *Kamikazes eram os pilotos japoneses que iam ao encontro dos inimigos a bordo de verdadeiras bombas ambulantes, sem pára-quedas, sem gasolina para a volta e se atiravam nos navios americanos. Na cabeça, a mesma faixa usada por Cerezo, com os dizeres "vitória total". Não é à toa que no Ocidente kamikaze é quase sinônimo de loucura.*

GUERREIRO 3 — *O escritor bissexual Yukio Mishima (retratado no filme "Mishima ", de Paul Schraeder), também enfaixou a cabeça para o seu impactante suicídio na frente das câmeras de TV. Ele rasgou a barriga com uma espada de samurai e foi decapitado por um companheiro de loucuras. A inscrição de sua faixa: "Sete Vidas". Os estudantes japoneses não pintam a cara, mas não dispensam a faixa em suas manifestações.*

Mishima, quando se suicidou, usava uma faixa na cabeça com a inscrição "Sete Vidas"

GUERREIRO 4 — *Guerreiro que é guerreiro não pinta os cabelos de vermelho. Uma faixa na cabeça cai melhor.*

FRITURA 1

Vários empresários se mostraram surpresos com a saída de Gustavo Krause do Ministério da Fazenda. Estava na hora de ler a *Folha da Tarde*.

FRITURA 2

Um leitor indignado ligou para o ombudsman na terça-feira e disse que a fritura de Krause só estava na cabeça dos jornalistas. "Vocês dizem todo dia que Krause vai cair e ele está firme. Se fosse acreditar em vocês estaria perdido." No dia seguinte Krause pediu demissão.

GUNNER 1

Uma reportagem reveladora – "Sadomasoquistas saem da sombra" – da *Folha de S.Paulo* explica a devoção dos fãs do Guns N'Roses. Pagar para tomar sol, chuva e lama e ouvir desaforos e cretinices não são para qualquer um.

GUNNER 2

Axl Rose frustrou muitos fãs de São Paulo: no Rio, o líder do Guns N'Roses baixou ainda mais o nível. Arriou o bermudão e mostrou a bunda para o público. A *Folha da Tarde* nem publicou a foto. Espero que tenha sido em nome do bom gosto.

GUNNER 3

No Rio, Axl atirou um microfone no público e feriu um garoto. Título do *Jornal do Brasil*: "Microfonadas N'Faniquitos".

21/12/92

15. COM A VIDA NÃO SE BRINCA

O deprimente espetáculo de miséria humana, protagonizado há 50 dias por dois jovens no interior de um carro-vitrine de um *shopping* na capital, é um retrocesso na vida de uma sociedade pretensamente civilizada. Esse tipo de competição degrada o ser humano e deixou de ser realizada há muito tempo.

Na sexta-feira um jornal do Rio, *O Globo*, fez o que a imprensa de São Paulo deveria ter feito há muito tempo: uma abordagem crítica da competição. O jornal ouviu vários psiquiatras e eles foram unânimes em condenar a exploração de duas vidas numa promoção publicitária. A demora na definição de um vencedor, aquele que ficar mais tempo dentro do automóvel, já preocupa os organizadores da promoção.

Na sexta o *Diário Popular* revelou que já se pensa em dar um carro para cada um e acabar com a brincadeira. A previsão era de um mês no máximo. Só que os promotores enfrentam um problema sério: como arrumar um segundo Kadett para resolver o caso?

Na mesma reportagem o jornal ouviu o médico Augusto Álvares Alves, responsável pelo acompanhamento da saúde dos competidores. Ele fez uma constatação óbvia: mais que a saúde física, deve-se cuidar da saúde mental, verificar o lado emocional dos rapazes. "Como muitos valores estão sendo trocados, deverá haver uma mudança no comportamento quando saírem do carro", explicou.

Os jornais não podem levar o caso na brincadeira. Não se brinca com vidas humanas, ensinam as regras do bom jornalismo. O sorriso e a disposição que as duas vítimas exibem aos fotógrafos e diante das câmeras de televisão com certeza escondem angústias e frustrações potencializadas pelos 50 dias perdidos de vida. Um dos jovens perdeu até o vestibular da Fuvest por causa da competição.

Acho que, além do acompanhamento físico, os dois rapazes vão precisar de assistência psiquiátrica. Quem ficar com o carro pode até ter uma compensação.

O GRANDE GOLPE

Nunca uma empregada doméstica mereceu tanto destaque por furtar o patrão. Maria Sônia, 26 anos, ganhou capa do caderno Cidades de *O Estado*, com direito a *story-board* em cores, acusada de furtar objetos no valor estimado de Cr$ 521 milhões. A *Folha da Tarde* publicou a notícia com destaque, mas numa página interna. O *Diário Popular* foi mais longe e transformou o furto milionário em bilionário: avaliou os objetos em Cr$ 2 bilhões.

CONFUSÃO

A explosão no World Trade Center, em Nova York, foi noticiada de formas diferentes pelos jornais de São Paulo. A *Folha da Tarde* informa que morreram sete pessoas e levantou a possibilidade de um atentado terrorista. A *Folha de S.Paulo* não deixou dúvidas, foi mesmo um atentado com um carro-bomba. O *Diário Popular* diz que a explosão foi "no metrô de Nova York". Uma linha de metrô passa sob os edifícios de 110 andares do World Trade Center.

1/3/93

16. ENTRE A CRUZ E A ESPADA

Se correr o bicho pega, se ficar o bicho come. O secretário de Segurança aconselha o motorista a passar por cima da lei e desobedecer ao semáforo à noite, para evitar assalto. Mas a Polícia Militar adverte: passou pelo sinal vermelho, leva multa.

A *Folha da Tarde* levantou essa situação kafkiana e tratou da questão num editorial, mas poderia ir adiante na crítica. A imprensa reage nos casos de violência que envolvem policiais militares, mas costuma aceitar passivamente as operações criadas periodicamente e que, na essência, servem apenas como marketing da corporação.

Nem os bandidos acreditam nessas ações. No segundo dia da Operação Cruzamento, desencadeada com a morte de um desembargador num sinal vermelho de Vila Clementino, houve um assalto num ponto considerado extremamente perigoso: o cruzamento das avenidas Rebouças e Henrique Schaumann. Um motoqueiro ficou sem a moto e ainda foi ferido a tiros. Isso às 10h33, quando a operação policial já deveria ter sido montada.

Operações como esta simplesmente transferem os assaltos de um local para outro. Criam uma ilusão de segurança que pode desaparecer algumas quadras depois. Se os policiais estão na Brasil com a Rebouças, os assaltantes podem atacar na avenida Ibirapuera.

De qualquer forma, esse tipo de policiamento pode até dar certo, com uma estratégia menos simplista, que proteja uma área maior da cidade. Falta um melhor planejamento, como lembrou o jornalista Luiz Henrique Rivoiro, editor-assistente de Cidade da *Folha da Tarde*, no sábado.

Da maneira que está não serve nem como marketing da PM. Aliás, se o objetivo é ganhar a simpatia da população é melhor retomar a Operação Romeu e Julieta, um policiamento a pé, feito por uma dupla de policiais militares e policiais femininas.

PAIXÃO NO FUTEBOL

O noticiário esportivo tem uma linguagem particular, bem diferente, por exemplo, de um texto de política. Mas ele está sujeito aos mesmos critérios profissionais e éticos do resto do jornal. O leitor Cleinaldo Simões, jornalista, pensa diferente.

Na semana passada, Cleinaldo contatou o ombudsman para reclamar da cobertura do jogo Santos 2 x 0 Bragantino. Torcedor do Santos, ele foi ao estádio e viu um "jogo vibrante, difícil de esquecer, que a imprensa transformou num enfadonho registro de 30 linhas".

"Falta paixão, essência para entender o que se passa dentro e fora do gramado. Escrevem para um torcedor neutro, quando todos sabem que isto não existe", diz o leitor. O editor de Esportes da *Folha da Tarde*, Vicente de Aquino, acha que o leitor "confunde jornalismo sério e responsável com paixão e amor por um time de futebol. A reportagem apenas relata fatos; considerações posteriores são feitas pelos leitores".

O ombudsman concorda que não se deve misturar jornalismo com paixão futebolística. Mas acha que uma reportagem pode ser isenta e ao mesmo tempo apaixonada. A simples descrição de alguns momentos de maior emoção de uma partida, mesmo sem adjetivação, podem transmitir o que o leitor reclama: paixão.

ENCALHE

O livro do ex-porta-voz de Collor, Cláudio Humberto, já está em liquidação. A rede de lojas Papelivros está vendendo o exemplar por Cr$ 210 (o normal é Cr$ 350). A loja da rede na rua Dom José de Barros vendeu somente três livros em dez dias. Sinal de que o brasileiro anda cheio com a baixaria dos Collor, apesar do destaque que a imprensa vem dando ao caso.

BARATAS

É impressionante a força de alguns boatos. O jornal já mostrou que o tal concurso que daria um Escort para quem conseguisse comer quatro baratas não passa de boato, mas há quem ligue para protestar contra a "promoção". Uma leitora não se convenceu com as explicações do ombudsman e garante que tudo é verdade. Admite, no entanto, que não viu ninguém comendo baratas. "Mas a minha empregada viu..."

22/3/93

17. OS LIMITES DE UMA FOTO

Casos de suicídio são comuns em São Paulo e não costumam atrair a atenção dos jornais. Quase todos os dias alguém pula de prédios, viadutos, torres e plataformas de estações do metrô. Na manhã de quarta-feira uma moça pulou de uma janela do 3° andar de uma antiga construção do centro e sua morte teve forte repercussão, a ponto de um jornal como a *Folha de S.Paulo* dedicar duas páginas para o caso.

Havia razões para tanto. O suicídio aconteceu no interior de uma das tradicionais faculdades de direito do Brasil, a do Largo de São Francisco. A garota caiu sobre as lanças que cercam o túmulo de um personagem místico, Julius Frank, um professor polêmico, pesquisador de ciências ocultas, que morreu em 1841 e foi enterrado no pátio interno da escola.

A *Folha da Tarde* publicou o caso com discrição na primeira página. A foto em cores, abaixo da dobra, mostrava o corpo ainda preso nas lanças da cerca, mas coberto por um plástico preto. De qualquer forma, era uma imagem chocante. Nas páginas internas o jornal avançou e estampou uma foto feita antes que o corpo fosse coberto por plástico.

"Fiquei chocada e passei mal ao abrir o jornal", queixou-se a secretária Lya Revitte de Alencar a esse ombudsman. "Para que publicar uma foto dessas se o texto já descrevia o suicídio em minúcias?", questionou a dona de casa Cristina Vampré. "Tive de esconder o jornal das crianças". "A foto agride o leitor e nada acrescenta ao jornal e à notícia", reclamou a advogada Roseleine Sapia.

O ombudsman concorda com as queixas dos leitores. Não havia necessidade de mostrar uma cena brutal e macabra como o corpo da estudante atravessado por lanças. Quase todas as queixas partiram de assinantes, que recebem o jornal em casa. O leitor que compra o exemplar na banca exerce uma opção – leva o jornal para casa se quiser.

O editor de Cidade da *Folha da Tarde* diz que a foto foi publicada porque ela tinha informação jornalística. A imagem choca porque o fato em si é chocante. "Um dos fatores que transformam simples fatos em notícias é a excepcionalidade. E muitas vezes a excepcionalidade choca mesmo", completa. O jornal *O Globo*, por exemplo, mostrou na primeira página o corpo da atriz Daniella Perez no local do crime.

As queixas lembram outro caso chocante, a chacina da Casa de Detenção, em que morreram 111 presos. A *Folha da Tarde* conseguiu fotos exclusivas, feitas dentro do pavilhão 9. As cenas eram impressionantes: presos nus removiam, vigiados por policiais militares, os corpos de seus companheiros mortos, também nus.

Creio que a comparação, na verdade, não se justifica. As fotos da Detenção tinham uma função importante, mostravam uma realidade que as autoridades tentavam esconder. Continham informação jornalística, tanto que foram republicadas por jornais e revistas não só do Brasil como do exterior. No caso da estudante de direito, a foto não ajuda em nada na elucidação do caso.

Na época da chacina da Detenção, a maioria dos telefonemas reclamava não da foto, mas do noticiário, que no entender de alguns leitores fazia a defesa dos presos. "Deveriam matar mais", afirmava um leitor, o que levou o ombudsman a escrever o artigo "Uma explosão de ódio e intolerância". Parece que a foto da estudante chocou muito mais que o amontoado de corpos nus empilhados nos corredores da prisão.

MORDOMIA

O deslocamento para a área federal das revelações sobre o uso de carros oficiais preocupou alguns leitores. "Não deem folga aos vereadores e deputados que fazem questão dessa mordomia". A propósito: no sábado a *Folha da Tarde* deu quase uma página para o noticiário de Brasília sobre o abuso dos carros oficiais e nem uma linha de São Paulo.

E O RESULTADO?

O leitor Fernando de Assis Netto escreve ao ombudsman para reclamar da falta de memória da *Folha da Tarde*. No último dia 20 o jornal deu uma reportagem de capa com o filho do cantor Altemar Dutra, lutador de *full-contact*, uma mistura de boxe com caratê. Ele iria lutar com um paraguaio pelo título americano dos meio-médios. Lutou? Ganhou? O jornal não noticiou.

DESABAFO

Muita gente acha que o ombudsman é o responsável pela coluna "Desabafo". Nada impede que o leitor desabafe com o ombudsman, mas deixo claro que não são minhas as respostas dadas aos leitores naquela coluna. O ombudsman responde às questões pessoalmente, por carta ou telefone. Não sei quem dá as respostas do Desabafo, pois o ombudsman não fica na Redação exatamente para ter maior liberdade de criticar o jornal.

ISENÇÃO

A *Folha da Tarde* está dando força ao noticiário esportivo. O caderno especial do GP de Interlagos ficou muito bom. Mas o forte continua sendo o futebol. O jornal, que já foi acusado de ser corintiano, são-paulino e palmeirense, agora está sendo apontado como antipalmeirense por causa da cobrança de providências contra o clube no caso do torcedor ferido num ataque da TUP, a Torcida Uniformizada do Palmeiras. Isso mostra a isenção da *Folha da Tarde*.

29/3/93

18. O GOLPE DAS BARATAS

Depois da "lei de Gerson", aquela do leva vantagem em tudo, o país entrou na fase do topa tudo por dinheiro. Em troca de carro novo ou de um punhado de cruzeiros, brasileiros aceitam ficar dois meses presos num automóvel, expõem-se a situações vexatórias para uma videocassetada e, se for preciso, até com baratas. A imprensa, nesse vale-tudo lamentável, vem tendo atitude extremamente ingênua.

A história das baratas é um bom exemplo. Alguém soltou o boato de que uma danceteria estaria oferecendo um carro para quem topasse comer baratas. Boato é notícia falsa e há alguém sempre interessado por trás. O bom jornalismo ensina que notícia falsa não se publica. Quando um jornal estampa boato acaba servindo de veículo para interesses quase sempre escusos.

O concurso das baratas acabou chegando aos jornais. A casa noturna tirou a máscara, achou "muito boa a ideia" e resolveu mandar o concurso para a frente. Se ia mesmo dar um carro para o comedor de baratas, é outra história. Como se esperava, as chamadas "autoridades" ameaçaram proibir o concurso, enquanto isso, a danceteria continuou ocupando espaço nos jornais e pôs mais lenha na fogueira. Não eram baratas comuns, mas uma espécie da Índia, branca e higiênica, alegaram os donos da casa. E essas baratas existem mesmo? Não vi esse questionamento em nenhum jornal.

Na semana passada, o caso chegou ao limite. Os sócios da casa noturna convocaram a imprensa para dizer que as tais baratas seriam de marzipã, um doce. Uma bailarina, devidamente paramentada, com as pernas de fora, completava esse lamentável show, mostrando o doce que os competidores deveriam comer. Um assessor da danceteria afirmou que um dos prêmios poderia ser uma viagem a um país exótico, onde mais se comem insetos de verdade. E anunciou, entre outros, o Japão, país do Primeiro Mundo que há muito tempo deixou de ser exótico e onde, com certeza, não se come inseto.

A VOLTA DO FEBEAPÁ

Dizem que o Brasil não é um país sério. "É uma verdade verdadeira", comentou um amigo norte-americano que passou uma semana por aqui depois de 15 anos. "O Brasil pode virar uma monarquia?", perguntou com espanto ao saber que haveria um plebiscito no dia 21.[7] "Isso me lembra o Stanislaw Ponte Preta."

Stanislaw, para quem não sabe, era o jornalista Sérgio Porto (morreu em setembro de 1968), que assinava uma coluna no antigo *Última Hora*, carregada de humor ácido e satírico. Autor de uma expressão famosa nos anos 60, o Febeapá (Festival de Besteiras que Assola o País), ele brincava com todas as instituições. Nem as escolas de samba escaparam: Stanislaw compôs uma música que brincava com a confusão histórica de sambas de enredo da época, misturando D. Pedro 1° com a princesa Isabel e outros personagens totalmente fora de época.

***

Stanislaw se foi, mas o Febeapá continua. E a melhor cronista do atual Febeapá é Maryucha Tobias, da *FT*. Seus comentários são um sucesso e assunto é o que não falta. Sinal de que brasileiro, que costuma rir de sua própria desgraça, também acha que este não é um país sério.

Fazer humor com tantos humoristas involuntários é fácil. Maryucha Tobias, por exemplo, fez muita gente dar gargalhadas, simplesmente transcrevendo um trecho da palestra que o presidente do TSE, Tribunal Superior Eleitoral, Paulo Brossa, deu em cadeia nacional para "esclarecer" os brasileiros sobre o plebiscito. Meu amigo americano leu e concordou: só rindo mesmo.

7 O plebiscito de 21 de abril de 1993 oficializou o sistema presidencialista no Brasil. Ver coluna 21, p. 70.

RESPOSTA RÁPIDA

"Não deixem Collor e PC caírem no esquecimento", cobrou o leitor Wilson Firmino da Silva, preocupado com a memória curta dos jornais. Não era preciso: a Justiça se encarregou de levar o ex-presidente à manchete dos jornais no dia seguinte, sexta-feira. "Pedida a prisão de Collor" foi a manchete da *FT*. No sábado ele continuou na manchete – "Supremo sequestra bens de Collor".

VIOLÊNCIA NA TV

O *Jornal da Tarde* publicou no sábado um artigo traduzido da revista *US New World Report* em que Marc Silver se espanta com a violência mostrada nos horários infantis na TV americana. Além de citar programas desconhecidos no Brasil, o autor relaciona cenas até leves diante do que se vê por aqui. A Bandeirantes e o SBT promovem um festival de violência nos filmes das sessões da tarde.

5/4/93

19. TROMBANDO NOS NÚMEROS

Converter dólar em cruzeiro é uma operação matemática simples, sem mistérios: basta multiplicar o valor expresso em moeda americana pela cotação do dia no mercado financeiro. Como o dólar está cada vez mais presente na economia brasileira, quase todos os dias o redator depara com a tarefa de transformar uma quantia em dólar para cruzeiro.

Tarefa simples, mas angustiante para os jornalistas que, de maneira geral, detestam matemática e vivem trombando com números. São frequentes os erros de conversão nos textos não só da *Folha da Tarde* como de outros grandes jornais brasileiros. Esses erros chamam a atenção porque o cálculo produz resultados absurdos. Por exemplo, um Mercedes importado por Cr$ 180 milhões.

Na edição de quarta-feira passada, a editoria de Exterior publicou uma reportagem sobre brasileiros que eram obrigados a se submeter a trabalho escravo na Argentina e revelou o método de aliciamento dos trabalhadores. Eles recebiam promessa de um salário mensal de U$ 400. Na dúvida, o redator bateu o cifrão de cruzeiros e deixou um espaço pontilhado para preencher depois. Só que acabou se esquecendo de fazer o cálculo e o espaço saiu em branco.

Um leitor, felizmente bem-humorado, apontou a falha em telefonema ao ombudsman e sugeriu que, diante dos frequentes erros, o jornal poderia deixar o espaço em branco mesmo, para que o leitor preencha com a cotação do dia.

***

Na segunda-feira passada, *O Estado de S. Paulo* resolveu homenagear o colunista Sérgio Porto, o Stanislaw Ponte Preta, que morreu há 25 anos. Vou citar a frase de abertura do artigo: "Sérgio Porto, que morreu em 1964, aos 45 anos, teria feito 70 anos (no dia 11 de janeiro)".

Fiz as contas e não batia. Se tinha 45 anos em 1964, teria 74 hoje e não 70 anos. Mas tudo indica que, no caso, não foi erro de cálculo, e sim de digitação. O colunista morreu em 1968. Como, aliás, saiu na coluna deste ombudsman, também na última segunda-feira.

JAPONÊS ATÉ CERTO PONTO

A comunidade japonesa conta com uma imprensa dinâmica (três diários só em São Paulo), mas de futuro incerto. Como o número de imigrantes não cresce desde 1965, a tiragem dos jornais escritos em japonês também está em queda. Os descendentes não costumam falar ou ler em japonês. Afinal, os *nikkeis* são brasileiros e seus laços com o Japão muitas vezes se limitam aos traços orientais do rosto.

Os *niseis* e *sanseis* (segunda e terceira geração de descendentes) formam um mercado forte e várias tentativas de se criar um jornal para os filhos dos imigrantes fracassaram. A maioria dos niseis, já totalmente integrada ao país, só lê publicações brasileiras.

O ombudsman recebeu outro jornal que tenta conquistar esse mercado: o *Nikkei News*, de circulação quinzenal. Minoru Kamachi, diretor-editorial da publicação, pede uma avaliação crítica "para o desenvolvimento do jornal".

O *Nikkei News* tem a cara da comunidade que representa: é discreto e bem-comportado. Está mais para um *house-organ* (publicação interna) do que para jornal. Falta ousadia e um enfoque mais abrangente dos assuntos em pauta. O ideal é que explore temas que interessem não só aos niseis, mas ao restante da população.

Uma das melhores coisas do jornal, por exemplo, é a seção com modelos niseis. São garotas belíssimas, que costumam aparecer também na capa. Uma delas tem sangue italiano. O texto que acompanha as fotos é superficial e cheio de lugares-comuns. Uma pequena entrevista valorizaria a seção. O jornal tem futuro, ao contrário dos *shimbuns* em japonês. Basta fazer jornalismo e se livrar do lugar-comum que acabou com outras iniciativas semelhantes.

IMPERADOR REBAIXADO

Saiu no caderno de Mídia da revista *Imprensa*: "A próxima atração da Fuji (televisão por assinatura) é a transmissão do casamento do príncipe Akihito, em junho. Akihito deixou de ser príncipe há muito tempo, agora é imperador. Quem está para casar é o príncipe herdeiro Naruhito. Japoneses podem ser parecidos, mas de príncipe para imperador há uma distância grande.

BRAHMA FORA DO PARAÍSO

A antiga fábrica de cerveja do Paraíso foi fechada, segundo a Brahma, porque estava incomodando a vizinhança. Todos os jornais embarcaram na desculpa da empresa, que demitiu todos os funcionários. Ninguém perguntou quanto vale o imenso terreno ocupado pela fábrica, em ponto valorizadíssimo, em frente à estação Paraíso do metrô.

INQUÉRITO NO CÉU

A notícia mais engraçada da semana foi mal-explorada pelos jornais: um delegado de Catanduva indiciou São Pedro, o guardião das chaves do céu, pelo raio que destruiu os equipamentos eletrônicos de um motel. Quem vai indenizar o motel? O papa?

12/4/93

20. JORNALISTA OU POLICIAL?

Aqui Agora, o noticioso do SBT produzido por uma dissidência do *TJ Brasil*, vive entre extremos e faz ao mesmo tempo o melhor e o pior do telejornalismo brasileiro. Concordo com os críticos que apontam para o sensacionalismo na condução do programa, mas foi no *Aqui Agora* que vi as imagens mais fortes da televisão nos últimos meses.

Citei uma dessas cenas no comentário que fiz sobre o programa nos dias seguintes ao massacre de presos no pavilhão 9 da Casa de Detenção. A tropa de choque da PM, com enormes escudos e cassetetes gigantescos, executou uma coreografia militar e começou a avançar lentamente, como robôs, em direção a um grupo de manifestantes. Uma mulher de idade não se intimidou e enfrentou a tropa com um guarda-chuva na mão.

Os repórteres do *Aqui Agora* misturam-se de tal forma com os personagens que não raras vezes acabam mudando de lado. Recentemente o repórter Celso Russomano foi agredido num escritório e a pancadaria teve mais destaque que a notícia pautada pela Redação.

Na quinta-feira o repórter Sérgio Frias ficou cara a cara com um assaltante que, ferido a tiros e acuado nos fundos de uma casa, ameaçava matar um bebê de um ano que ele usava como escudo. O repórter se ofereceu para ficar como refém no lugar da criança, que chorava muito.

O jornalista, já na condição de personagem e não de testemunha do caso, passou por momentos de tensão, mas não largou sua caneta, ou melhor, seu microfone. O bandido chegou a desconfiar que o repórter fosse um policial disfarçado e exigiu os crachás do repórter e do cinegrafista.

Nos momentos críticos o jornalista comandou as negociações, mandando que os policiais não se aproximassem e exigindo o afastamento de um helicóptero que fazia muito barulho e irritava o assaltante.

O caso teve final feliz. O menino voltou para os braços dos pais e o ladrão, que tinha sido ferido a tiros durante a perseguição policial, foi socorrido de forma civilizada. O repórter-refém saiu de cena e foi substituído por Gil Gomes. O programa, então, caiu para o outro extremo.

Acho que o repórter atropelou a ética e correu um risco muito grande. Se o assaltante tivesse atirado na criança ele poderia levar a culpa e os jornais estariam na mira da polícia. Cabia à polícia e não a um jornalista resgatar a criança e prender o criminoso. "Se um repórter meu fizer algo parecido vai direto para a rua. Jornalista deve fazer jornalismo e não ficar posando de herói", diz Adilson Laranjeira, que fala sustentado por uma larga experiência como ex-chefe de reportagem da *Folha de S.Paulo*, ex-editor responsável e ex-ombudsman da *Folha da Tarde*.

Junia Nogueira de Sá, editora responsável da *Folha da Tarde* e também uma jornalista experiente, vê a questão de maneira menos radical. "O repórter é antes de tudo um ser humano e, diante das circunstâncias, ele agiu como homem e não como repórter. Acredito que ele quis mesmo salvar a criança e não fazer sensacionalismo. Eu, provavelmente, teria feito a mesma coisa", diz Junia.

Uma coisa ficou evidente: o repórter mostrou muito mais competência que a polícia nas negociações. Enquanto um grande número de policiais não via a hora de pôr as mãos no assaltante, aproximando-se perigosamente dele, o repórter controlava o ladrão e os inquietos policiais e conseguiu evitar um desfecho violento.

O FRACASSO DO PLEBISCITO

Às vésperas do plebiscito para a escolha da forma e sistema de governo a população continua apática e os políticos se perguntam por que a campanha não sensibilizou os brasileiros. A resposta pode ser encontrada numa rápida consulta dos títulos da edição de sábado da *Folha da Tarde*: "Senado prepara trem da alegria", "Dnocs construiu quatro açudes para Inocêncio", "Não existe dinheiro para pagar reajuste mensal em 93", "Cesta básica está 8% mais cara" (em uma semana), "Imposto do cheque pode ser cobrado na conta-corrente", "Ladrões invadem sobrado e degolam refém".

Para concluir, basta ler o editorial "Até quando, meu Deus?". A opinião da *Folha da Tarde* reflete bem o pensamento popular. Não dá para viver cheio de medo, acuado, estressado, enquanto as "autoridades competentes" ficam discutindo bobagens, fazendo leis sem pé nem cabeça, torrando dinheiro público. "O país vive um desgoverno sem fim". Dá para se entusiasmar com o plebiscito num clima desses?

ONDE? 1

O jornal nunca deixa de lembrar que a avenida Paulista fica em Cerqueira César. Sem necessidade, pois a avenida é muito mais conhecida que o bairro. O *Manual da Redação* manda não subestimar o leitor dizendo que Salvador fica na Bahia e praça da Sé no centro.

ONDE? 2

Em compensação o jornal noticiou a passeata dos estudantes, que terminou no prédio do Ministério da Educação, com uma falha de informação. A reportagem diz que a sede do MEC fica "na região central". Que rua? Que bairro?

19/4/93

21. OS FANTASMAS DO PLEBISCITO

A leitura diária dos jornais lembra muitas vezes um passeio num trem fantasma: é uma sucessão de horrores e arrepios a cada página. Há desgraças para todos os gostos, de crianças com agulhas no corpo a assaltos e mortes em profusão. Mas a realidade é pior que as fantasias do trenzinho. Quando o passeio acaba, os sustos também desaparecem.

O pior é que existe muita gente que gosta do "quanto pior, melhor" e deu para pregar a volta dos militares e o simples fechamento do Congresso. Seria o "efeito Fujimori", uma referência ao presidente do Peru que deu um golpe, se municiou de poderes ditatoriais e conseguiu, à custa da fome do povo, baixar a inflação.

No dia do plebiscito, o *Diário Popular* deu um susto com o título "Eleições diretas desmoralizam povo". Felizmente não era notícia, e sim a opinião de um leitor defensor de solução militar para o Brasil.

***

Para mim o plebiscito foi o momento de alívio depois de uma overdose de horrores. Apesar de não sensibilizar a população e de servir apenas para referendar o atual sistema de governo, o presidencialismo, a votação cumpriu uma exigência constitucional e a decisão foi tomada pelos eleitores brasileiros e não por meia dúzia de políticos.

O alívio durou pouco. Um homem foi assassinado dentro de uma seção eleitoral numa escola da Casa Verde, na frente dos mesários. Uma cena de sangue até num local protegido pela Justiça Eleitoral. A foto que o *Diário Popular* publicou no alto da primeira página, feita por Rubens Cavalari, mostra um rastro de sangue tendo em primeiro plano aquele pedaço de papelão que chamam de "cabine eleitoral". Uma síntese perfeita das contradições do Brasil de hoje em que o povo vive entre o medo da violência, o medo da crise e o medo de mudar.

***

A *Folha da Tarde* escolheu para manchete o resultado do plebiscito antecipado por uma pesquisa na boca da urna feito pelo Datafolha e lembrando que começava a corrida pela sucessão de Itamar. É a chamada manchete histórica para guardar o jornal.

O *Diário Popular* embarcou na onda dos que desprezam o plebiscito e, apesar da boa foto na primeira página, reservou a manchete para o pagamento dos aposentados. O título para a chamada da votação foi sintomática: "40 milhões de eleitores desprezam o plebiscito".

***

A imprevidência dos burocratas estatais desta vez atingiu até os ministros, que foram obrigados a penar mais de 4 horas na fila para votar em Brasília. Foi um dos aspectos da votação mais comentados pelos eleitores. Havia até quem estivesse na expectativa de ver uma autoridade furando a fila. Repórteres e fotógrafos estavam de olho em todos os ministros.

Um leitor comentou o fato com o ombudsman e disse estar certo de que muitas das chamadas "autoridades de segundo escalão" conseguiram votar sem filas. Acho difícil, ninguém teria a coragem de se expor tanto. Os meios de comunicação, que muitas vezes são criticados pela marcação cerrada que exercem sobre os donos do poder, mostram que não estão para brincadeira. Sem a vigilância dos jornalistas muita gente teria votado sem filas e sem constrangimento.

***

O prefeito Paulo Maluf posou de paladino da imprensa ao se rebelar contra a decisão de um juiz eleitoral de proibir a entrada de repórteres nas seções eleitorais. Os jornais acabaram entrando e no dia seguinte mostraram a verdadeira intenção de Maluf: garantir a sua imagem na televisão e nos jornais no dia seguinte.

NÚMEROS DA DISCÓRDIA

A apresentação da Filarmônica de Moscou levou muita gente ao parque do Ibirapuera no dia do plebiscito e os jornais voltaram a trombar com os números. Os jornais se basearam em números fornecidos pela PM e pelos organizadores. Segundo a medição da PM, assistiram ao concerto 25 mil pessoas (*Folha da Tarde*), 30 mil (*Folha de S.Paulo*) e 40 mil (*Diário Popular*). *O Estado de S. Paulo* confiou nos organizadores e calculou entre 80 e 100 mil o público da orquestra. Segundo a *Folha da Tarde*, os organizadores acharam que havia 150 mil pessoas.

26/4/93

22. CHEIRO DE FRITURA

Os jornais de São Paulo sofreram grandes transformações gráficas e editoriais nos últimos anos e hoje chegam às bancas e aos assinantes cheios de páginas coloridas e com grande quantidade de serviços. Mas a matéria-prima básica de um jornal continua sendo a mesma: notícia. De preferência fresca, exata e bem contada, como ressaltei na primeira coluna que assinei na função de ombudsman da *Folha da Tarde* há um ano.

No episódio da demissão do ministro da Fazenda, Eliseu Resende, na noite de quarta-feira, a *Folha da Tarde* passou por uma prova de fogo e se saiu bem. Eliseu anunciou sua saída do Ministério da Fazenda às duas horas da madrugada, mas a essa altura o jornal já rodava com o noticiário político completo. Além da queda do ministro, a linha fina da manchete no terceiro clichê, fechado à meia-noite, trazia o nome de seu sucessor, o chanceler Fernando Henrique Cardoso, que se encontrava nos EUA. Isso além da demissão de Luiza Erundina e de Lázaro Barbosa, da Agricultura.

A agilidade com que a Redação reagiu aos primeiros indícios de que estava se completando a fritura do ministro permitiu que boa parte do noticiário das páginas internas, que ainda se referiam a Eliseu como ministro, fosse trocada. Mesmo assim escaparam algumas notícias superadas, como uma que previa a participação de Eliseu Resende numa reunião destinada a examinar o aumento do funcionalismo federal, marcada para a tarde de quinta-feira.

O ombudsman se preparou para os telefonemas de leitores que, com toda a razão, certamente iriam ligar para apontar a falha. Não recebi, no entanto, uma só queixa nesse sentido. Será um sinal de que os leitores compreendem as limitações dos jornalistas na luta contra o tempo?

O nome do novo ministro da Fazenda sempre foi um problema para os redatores encarregados de fazer os títulos. Fernando Henrique tem 17 toques. Como a maioria das manchetes da *Folha da Tarde* tem no máximo 28 toques, dá para se imaginar o desespero do redator encarregado de elaborar o principal título da primeira página.

O *Estado* decidiu que a partir de agora Fernando Henrique vai ser chamado de Cardoso. A *Folha de S.Paulo* recorreu à sigla FHC, da mesma forma que resolveu o caso de outro polí tico de nome comprido, o governador baiano Antônio Carlos Magalhães, o ACM.

***

No dia seguinte, a *Folha de S.Paulo* deu um "banho" de Fernando Henrique Cardoso com um caderno especial de oito páginas. A *Folha da Tarde* falhou na memória: não lembrou a seus leitores que Fernando Henrique quase foi prefeito de São Paulo em 1985. Era favorito e chegou a posar sentado na poltrona do prefeito, no Ibirapuera. Perdeu para Jânio Quadros.

***

Fernando Henrique foi bem recebido por todos os setores, do político ao econômico. Mostrou autoridade e segurança em seus pronunciamentos. Mas vai ter trabalho. A *Folha da Tarde* de sábado diz que ele assume a Fazenda "engolindo sapos". E haja sapos.

***

SUPERGOLEIRO

Leitor são-paulino reclama da falta de entusiasmo na *Folha da Tarde* com a goleada de 5 a 1 do São Paulo sobre a equipe do Universidad Católica do Chile. Ele acha que pelo menos o goleiro Zetti, autor de defesas "fantásticas", merecia uma reportagem especial. Zetti não foi esquecido: o colunista Mauro Beting derramou elogios sobre o goleiro em seu comentário. O torcedor achou pouco.

LEGENDAS

Troca de legendas às vezes resulta em situações desagradáveis, como o caso da "dama da semana" de uma antiga coluna social, que saiu com a legenda de uma potranca do noticiário de turfe. A égua, por sua vez, era identificada como a "dama da semana". Na edição de sábado da *Folha da Tarde*, a dramática imagem de um soldado bósnio levantando o corpo de uma mulher morta tinha a seguinte legenda: "Venezuelanos saem às ruas para comemorar, após a Corte Suprema votar a favor do julgamento de Pérez".

3/5/93

23. ESQUECERAM DA NOTÍCIA

O jornal anda cheio de erros. São tantos que deixam o leitor irritado. A culpa foi do computador, tento explicar. Mas para que serve o computador, rebate um leitor. Não é para acabar com os erros? Não é bem assim. A informatização das Redações agilizou a operação da produção das publicações, mas não elimina as falhas humanas.

E é de uma dessas falhas que trato hoje. Desde os tempos da linotipia, em que cada página era montada "a quente", com chumbo derretido, ouço falar disso. Refiro-me ao acompanhamento de certas notícias. O jornal levanta determinado assunto, publica com destaque, atiça a curiosidade do leitor e no dia seguinte simplesmente se esquece da suíte.

No dia 19 um leitor foi atraído pelo noticiário sobre a eleição da nova Miss Universo, em que a brasileira Leila Schuster era uma das favoritas. Concurso de miss não tem mais o apelo popular dos anos 50, mas já que o jornal publicou, com foto, deveria manter o assunto na pauta, pelo menos até a escolha da miss.

O leitor queria saber quais foram as finalistas e naturalmente procurou na *Folha da Tarde* de sexta-feira. Nada. Na segunda-feira voltou a folhear o jornal (a essa altura a Miss Universo já havia sido escolhida). Nada. Na terça-feira procurou o ombudsman. A reclamação foi encaminhada para a Redação, que reconheceu a falha e estampou um texto-legenda na edição do dia 28, sexta-feira. A miss é de Porto Rico. Antes tarde do que nunca.

Outro caso parecido saiu no jornal do dia 26, quarta-feira. "Ipem anuncia amanhã o nome de seu primeiro ombudsman", dizia o título de uma nota de Cidade. Era obrigação do jornal informar o nome da pessoa escolhida para o cargo. Mais uma vez o leitor ficou na mão. O nome foi publicado pelo *Diário*

Popular de sexta-feira. É Júlia Clemente, empossada quinta-feira pelo secretário de Justiça e Defesa da Cidadania, Manuel Alceu Affonso Ferreira. Ela atende reclamações e sugestões no Ipem (Instituto de Pesos e Medidas).

Outro caso curioso foi publicado no dia 27, quinta-feira: um casal foi assaltado depois de voltar de uma viagem de lua de mel a Tóquio, uma das cidades mais caras do mundo. A mulher, que portava uma quantia razoável (US$ 5 mil e Cr$ 7 milhões), foi sequestrada no terminal rodoviário da Barra Funda depois de comprar passagens para Campo Mourão, no Paraná, onde o casal mora.

O que aconteceu com a mulher? Há alguma pista? E o marido, que diz ser pedreiro, o que está fazendo? Até sábado, quando escrevo a coluna, o jornal não havia dado uma só linha para o assunto. O *Diário Popular* revelou no dia seguinte que a polícia não está acreditando na história, que tem muitos pontos obscuros.

A *Folha de S.Paulo* tentou minimizar o problema com um quadro chamado "Que fim levou". A propósito, que fim levou esse recurso?

TÍTULO

A função do título é chamar a atenção do leitor e deve ser antes de mais nada informativo. Mas nem sempre a informação é suficiente. "Presidente se recusa a falar sobre mudança na Casa Civil" (sábado, página A-3) é informativo, mas não convida à leitura. Se o presidente não falar, para que ler?

NOME

A *Folha da Tarde* resolveu o problema da abreviação do nome do novo ministro da Fazenda chamando-o de F. Henrique. A *Folha de S.Paulo* radicalizou e passou a chamar o ministro de FHC. *O Estado* adotou o sobrenome Cardoso. O *Jornal da Tarde* não seguiu seu irmão maior e partiu também para a sigla FHC.

31/5/93

Charge de Cláudio de Oliveira publicada em 4 de junho de 1993, sobre o reajuste dos remédios ocorrido durante o mandato presidencial de Itamar Franco.

24. NÃO TEM REMÉDIO

Na sua opinião como pode ser classificado o desempenho do governo Itamar Franco: bom, ruim ou regular? A pergunta foi feita a este ombudsman por um grupo de estudantes que recolhia subsídios para um trabalho sobre a evolução política no Brasil.

Não é uma tarefa difícil. São tantas idas e vindas, as trapalhadas, as trocas de ministros e as manobras políticas desastradas que a popularidade do presidente despencou. Sobrou a fama de honesto. Mas honestidade é obrigação e não qualidade.

Não é também uma tarefa que exija muitas palavras. Basta consultar as capas da *Folha da Tarde* deste ano. Vou segmentar a análise para não misturar muito os assuntos. Ao assumir o governo, Itamar criou uma forte expectativa em dois setores da população, os aposentados e as pessoas que dependem de remédios para manter uma vida normal.

Os aposentados parecem estar satisfeitos graças à competência de Antônio Britto, jornalista, que foi direto ao ponto, não perdeu tempo e atacou a corrupção que vinha minando a Previdência. Quanto aos remédios, Itamar tomou para si o embate com os laboratórios, que não ligaram para o acordo de cavalheiros firmado com o governo e aumentaram os preços sem o menor constrangimento.

"Estoura a guerra dos remédios", dizia a *Folha da Tarde* de 9 de dezembro do ano passado [1992]. Irritado com o que considerou uma "traição", o presidente ordenou uma devassa fiscal nos laboratórios farmacêuticos. O ministro da Saúde, Jamil Haddad, mais irritado ainda, afirmou: "Foi uma afronta". A *Folha da Tarde,* no mesmo dia, comentou a ação do governo em editorial. O título já dizia tudo: "É preciso parar com a demagogia".

Não é difícil saber o que aconteceu: os laboratórios não se impressionaram com as ameaças de Itamar e os aumentos prosseguiram. Os medicamentos voltaram à manchete da *Folha da Tarde* na última quinta-feira: "Vem aí o ministro do remédio". Desta vez o presidente tentou criar um ministério só para controlar os laboratórios farmacêuticos. O objetivo era puramente político, satisfazer o PP, que exigia o Ministério da Saúde para continuar a apoiar Itamar. A fracassada manobra política virou motivo para piadas.

Mas a notícia que mais interessa para os consumidores saiu numa chamada pequena, no pé da primeira página de sexta-feira: "Remédio tem reajuste de 47,1%". O jornal nem se preocupou em saber a opinião de Itamar.

A *Folha da Tarde* não falou do aumento no editorial. A opinião do jornal podia ser subentendida na charge de Cláudio [reproduzida na p. 78].

Pelo jeito, o Brasil não tem mesmo remédio.

ALÔ MALUF

O engenheiro e ex-professor da Politécnica, Ardevan Machado, o "Dom Quixote das curvas", recorre ao ombudsman para mostrar ao prefeito seu projeto de acabar com 40 curvas perigosas de São Paulo. Ardevan, que consertou a curva do túnel do Pacaembu, depois de uma reportagem do jornal, queixa-se que é sempre barrado pela assessoria de Maluf.

VIOLÊNCIA

Sempre que surgem casos de violência contra presos aumentam os telefonemas de leitores que criticam o jornal por dar espaço para "bandidos". Não foi diferente na quarta-feira, quando a *Folha da Tarde* noticiou em manchete – "Detenção volta a explodir" – um novo caso de espancamentos de presos. "Onde estão os direitos humanos das vítimas desses presos?", dizem esses leitores, como num coro.

CURIOSIDADE

Todos os dias pelo menos cinco leitores ligam curiosos em saber o que é ombudsman. As cartas, em menor número, chegam de vários pontos do Brasil. O leitor Henrique Garcia Cordobe, que mora em Paranavaí, no Paraná, diz que a *Folha da Tarde* é muito procurada na cidade e precisa ser reservada com antecedência. Ele vai receber a resposta por escrito.

REVISOR FANTASMA

Um leitor que não dá o nome "de jeito nenhum" liga com frequência para apontar erros de revisão na *Folha da Tarde*. Ele afirma que já trabalhou como revisor no jornal *A Gazeta*, no tempo em que ficava na avenida Cásper Líbero. "Lá pelos anos 50..."

VELHA HISTÓRIA

Leitores palmeirenses acusam a seção de Esportes de proteger os corintianos. Os torcedores do Corinthians, por sua vez, dizem que a *Folha da Tarde* dá destaque demais para o Palmeiras. Sempre, em tempos de decisão, é assim. Sinal de que o jornal está imparcial.

7/6/93

25. FORA DO TOM

O leitor não é burro e não costuma engolir gato por lebre. Fica irritado quando percebe que uma notícia que chamou sua atenção na capa não é exatamente a que aparece nas páginas internas. A primeira página da *Folha da Tarde* anda exagerando no tom de suas manchetes e das chamadas de primeira página, beirando o caminho fácil, porém perigoso, do sensacionalismo.

Tomo para exemplo a manchete de quarta-feira, dia 9, "Vão mexer de novo no salário". Que vão mexer é certo. Cada ministro da área econômica não sossega se não der uma mexidinha no bolso dos trabalhadores. A manchete cria uma expectativa que se frustra quando o leitor consulta o miolo do jornal.

A notícia que gerou a manchete é a marcação de uma reunião entre governo, empresários e trabalhadores para sexta-feira, dia 18, dez dias depois. A pauta do encontro é o reajuste mensal dos salários. O ministro Fernando Henrique já deixou claro que não abre mão do atual sistema, de reajuste quadrimestral. Em poucas palavras, isso quer dizer que a reunião vai dar em nada.

Outra manchete forçada saiu no dia 8, "Delegacia racial de Fleury é fantasma". Não é bem fantasma, a delegacia existe, tem sala, telefone e dois delegados. O que faltava é a infraestrutura necessária para o pleno funcionamento da delegacia. Isso é comum nos órgãos governamentais submetidos à lentidão da burocracia interna.

Um aspecto discutível da mesma manchete é a vinculação do nome do governador Fleury à "delegacia racial". Fleury não é citado uma única vez na reportagem interna. O caso remete para uma chamada estampada com destaque no dia 10, "Creche de Erundina usava Disque-Erótico". O que tem Erundina a ver com a creche? Nada, a não ser o fato de que era a prefeita na época em que o telefone municipal servia para ligações eróticas.

Poderia se invocar a chamada "licença jornalística" como justificativa. Isso porque era preciso deixar claro que o fato ocorreu na administração Erundina. Em nome dessa licença jornalística a Guarda Metropolitana era chamada pelo jornal de "Guarda do Jânio". Acho que existem formas menos grosseiras de dar o recado.

TUDO IGUAL

No dia 21 de fevereiro, domingo de Carnaval, uma carreta chocou-se contra um ônibus na BR-116 – a "rodovia da morte" – no município de Juquitiba, matando 20 pessoas. Na quinta-feira passada, outro caminhão bateu em outro ônibus na mesma estrada, no mesmo município, perto do local do outro acidente. A diferença estava no número de mortos, 33.

A cobertura da *Folha da Tarde* foi muito acanhada e parece ter acompanhado a mesmice dos fatos. O primeiro é da *Folha da Tarde* do dia 22 de fevereiro. O segundo é de 11 de junho. O desenho da página é exatamente o mesmo. Basta trocar as fotos e o número de mortos para que fiquem iguais.

Na análise que faz diariamente do jornal, o ombudsman criticou a forma fria e burocrática da edição da reportagem sobre a tragédia. Um fato excepcional merecia uma abordagem excepcional. Para isso faltou espaço, mas acredito que, acima de tudo, faltou ousadia.

SEQUESTRO

A *Folha da Tarde* e a *Folha de S.Paulo* respeitaram o pedido da família de Gisele Ballesteiro à imprensa para não divulgar o sequestro. A maioria dos jornais não atendeu ao pedido. Gisele foi encontrada morta em Paraty. A polícia acha que não foi sequestro. Não importa. Acho que os jornais têm uma responsabilidade grande quando a vida de uma pessoa está em jogo.

MARKETING

O fechamento do vão central da segunda ponte da avenida Eusébio Matoso, sobre o rio Pinheiros, no Butantã, foi transformado numa festa da prefeitura. Falou-se até em um "beijo" entre as duas partes, a propósito do Dia dos Namorados. Os jornais e a TV participaram animadamente da festa e se esqueceram de lembrar que a obra está pelo menos cinco anos atrasada: começou na administração do prefeito Jânio Quadros.

14/6/93

26. O FILHO DE LAMPIÃO

João Ferreira da Silva, que se apresentou como filho de Virgulino Ferreira da Silva, o cangaceiro Lampião, veio a São Paulo no começo do mês como representante dos nordestinos e, nas solenidades de inauguração da Delegacia de Crimes Raciais, fazendo declarações polêmicas à imprensa. E deixou uma dúvida: ele é mesmo filho de Virgulino? Não, afirma o pesquisador da história do cangaço Pedro Carvalho Lopes.

"É de se estranhar que a jornalista Patrícia Negrão, que assina a matéria, não tenha tido a curiosidade de checar a veracidade do fato", indaga Pedro. A repórter teve esse cuidado e só se convenceu quando João Ferreira exibiu sua certidão de nascimento. Afinal, um dos princípios básicos do bom jornalismo é a verificação das informações que serão repassadas para o leitor. De nada adianta um texto criativo, brilhante, se a notícia não estiver correta.

Pedro leu a entrevista que João deu à *Folha da Tarde*, publicada na edição do dia 9, e decidiu escrever ao jornal. "O suposto filho de Lampião emitiu opiniões apressadas sobre assuntos delicados (...refundar o cangaço, quem fez o Sul foi o Nordeste), transmitindo para o público em geral a impressão de que os nordestinos são portadores de um ideal fascista e segregador."

Mais adiante, o pesquisador afirma que o casal (Lampião e Maria Bonita) teve três filhos que morreram logo após o nascimento. "A única sobrevivente é Expedita (Ferreira Nunes), que reside em Aracaju". Ele aponta como uma forte evidência da impostura o fato de que Sila de Zé Sereno e Dadá de Corisco, cangaceiros sobreviventes que conviveram com Lampião e Maria Bonita, inclusive nos anos 37/38 (quando supostamente o senhor João teria nascido) nunca fizeram a menor referência à existência de um filho homem do casal.

Impostor ou não, João Ferreira da Silva mostrou ser um homem de ideias radicais. Quando falou dos neonazistas, apontou uma solução final: "a forca ou a cadeira elétrica".

O jornal está obrigado agora a retornar o assunto até que o leitor fique sabendo da verdade. O Brasil está cheio de pessoas que se fazem passar por médicos, militares e professores. Na quinta-feira, a *Folha da Tarde* publicou a história de um falso médico que quase provoca a morte de uma menina no Hospital Tide Setúbal, na zona leste. E não custa lembrar o caso de um falso professor que lecionou num curso da conceituada Fundação Getúlio Vargas, participou de seminários e escreveu artigo para jornais até ser desmascarado.

TROMBANDO NOS NÚMEROS 1

Muitos jornalistas podem ser brilhantes redatores, mas costumam ser péssimos na manipulação de números. Erram – e como erram – em operações aritméticas simples, como a conversão de dólar para cruzeiro. Escrevi sobre isso em minha coluna do dia 12 de abril e alguns amigos acharam que eu estava exagerando.[8] Na semana passada, a *Folha da Tarde* voltou a fazer um erro desses. E o que é pior, na primeira página.

TROMBANDO NOS NÚMEROS 2

Ao noticiar o custo da reforma dos túneis da avenida Nove de Julho, o jornal converteu US$ 700 mil para Cr$ 360,5 bilhões. No dia seguinte, publicou um Erramos. US$ 700 mil equivalem, na verdade, a Cr$ 36,5 bilhões.

TROMBANDO NOS NÚMEROS 3

Na quinta-feira, o jornal publicou uma nota na capa do caderno Plural, sobre uma oferta de compra da rede NBC de televisão, feita pelo comediante Bill Crosby. Um leitor, funcionário da TV Cultura, ligou para o ombudsman estranhando o valor oferecido, US$ 3,5 milhões. O Erramos saiu no sábado: o valor da proposta era de US$ 3,5 bilhões. Para se ter uma ideia, só a nova torre da TV Cultura custou US$ 5 milhões.

8 Ver coluna 19, p. 64.

TROMBANDO NOS NÚMEROS 4

Sete leitores ligaram pedindo confirmação do preço de um microsystem da marca Pioneer, oferecido por Cr$ 8 milhões na seção Vitrine na *Folha da Tarde* de quarta-feira. Era outro caso de conversão errada do dólar. O aparelho de som custa, na verdade, Cr$ 80 milhões.

TRANSPARÊNCIA

Os erros com números não são exclusividade deste jornal. Podem ser detectados quase todos os dias nos jornais brasileiros. A diferença é que a *Folha da Tarde* e a *Folha de S.Paulo* corrigem suas falhas na seção Erramos.

21/6/93

27. O CERTO ESTÁ ERRADO

Páteo do Colégio ou pátio do Colégio, qual é a grafia correta? O certo é com "i", alertou o ombudsman no boletim interno que relaciona os erros da edição do dia. Não, o correto é com "e", sustentou a editora-assistente de Plural, Sílvia Caricati, baseando-se no *Guia de Ruas Quatro Rodas*, que adota a grafia antiga, com "e".

O ombudsman contra-argumentou com o *Guia de Ruas* da Mapograf. Isso até que as duas partes se convencessem de que as fontes em que se basearam, guias de ruas, não eram exatamente as melhores para dirimir uma dúvida de português. Por que não o *Aurélio*? O dicionário não registra a palavra com "e". Páteo, portanto, não existe.

A discussão ficou por aí, com acordo entre as duas partes. A dúvida, no entanto, continuou. Será o *Aurélio* a fonte certa para buscar respostas de um problema da cidade? A resposta é não. Nem a editora e nem o ombudsman lembraram-se de que a prefeitura tem um arquivo histórico, de onde saem os dados utilizados para dar os nomes às ruas de São Paulo.

O arquivo, que é vinculado à Secretaria Municipal da Cultura, esclareceu: a palavra páteo faz parte do nome do logradouro. Seria como uma hipotética praça Páteo do Colégio. Um jornal como a *Folha da Tarde*, especializado em notícias da cidade, não pode ter este tipo de dúvida. Uma dúvida aparentemente pequena, mas que nunca havia sido levantada. Uma pesquisa do Banco de Dados do jornal mostrou que sempre foi utilizada a grafia "páteo". O relato atende também ao estudante de Jornalismo Sílvio Koeteuller e seus amigos, que queriam saber como tramita a correção de um erro detectado pelo ombudsman.

Os leitores não têm a menor ideia do processo porque o boletim com a crítica da edição é de circulação restrita entre as publicações da empresa. O leitor sugere a publicação de um resumo dessa crítica para que todos os leitores possam acompanhar o jornal por fora e por dentro. É uma ideia boa, mas que não depende só do ombudsman, mas também da Redação e de outros setores encarregados da produção da *Folha da Tarde*.

EM RESPEITO AOS LEITORES

Este ombudsman confirma que recebeu, na tarde de quinta-feira, uma cópia da carta assinada pelo coordenador de Comunicação do governo do Estado, Eurico Andrade, em que contesta a reportagem "Fleury torra dinheiro em publicidade do governo". No mesmo dia contatei a direção da Redação, solicitando explicações. Na sexta-feira fui informado pelo editor responsável, Alon Feuerwerker, que o teor das alegações estava sendo analisado e que a carta seria publicada em seguida. "O governo foi precipitado, porque em nenhum momento a *Folha da Tarde* se recusou a publicar a resposta", afirmou Alon.

NOVA MUDANÇA

Os leitores foram surpreendidos na semana passada com a coluna "Chumbo Quente", assinada por Roger Ferreira, que substituiu a reportagem de capa. Pela amostra das três edições (quinta, sexta e sábado) a coluna tem tudo para pegar. É gratificante, atraente, fácil de ler e com boa escolha de assuntos da política local. Mas tem gente que não gostou. Três leitores pediram a volta das entrevistas que caracterizavam a página A-2. Mesmo que seja em outra página.

SUGESTÃO APROVADA

Na sexta-feira a leitora Nadir Buck ligou para o ombudsman reclamando maior espaço para os aposentados. "O nosso problema merecia um editorial", cobrou a leitora. A *Folha da Tarde* saiu no sábado com o editorial "O respeito aos aposentados". Vou lembrar que atendo os leitores das 14h às 18h, de segunda a sexta-feira.

28/6/93

28. ACREDITE SE QUISER

O Parque Dos Dinossauros não passa de um grande *merchandising* do próprio diretor Steven Spielberg. Tão grande que nem precisou ser feito. De repente os bichos ressuscitados pela tecnologia se espalharam pelo Brasil concorrendo com a miséria em preto e branco e sem efeitos especiais em que vive o país. Ganharam enormes espaços nos jornais e duas capas da revista *Veja*. Spielberg nem se deu ao trabalho de agradecer; estava na Polônia fazendo outro filme, em preto e branco. Podem anotar: quando o filme estrear, os jornais vão descobrir como é bonito o preto e branco. Os *darks* vão sair das trevas para explicar num *talk-show* as virtudes da escuridão. Para não faltar a tradicional polêmica, alguém vai querer colorizar o filme.

DA CHINA

A outrora séria, discreta e precavida página de Ciência e Tecnologia do jornal *O Estado de S. Paulo* embarcou numa história fantástica contada pela agência de notícias chinesa Xinhua. "Achados 10 mil ovos de dinossauros na China", diz o título da notícia publicada na edição de sábado passado. Segundo o texto, os ovos de dinossauros estão em sua maioria "quase intactos, apesar de algumas cascas quebradas pela pressão da superposição de camadas de terra durante os últimos 100 milhões de anos". Isso mesmo, 100 milhões de anos. Entusiasmado com o assunto, o jornal vai mais longe e afirma que "a ficção que torna tão fascinante o filme *Parque Dos Dinossauros*, de Steven Spielberg, acaba de se aproximar um pouco mais da realidade. O jornal se baseia em outro artigo, desta vez de uma revista científica dos Estados Unidos, escrito pelo paleontólogo Jack Horner, que diz ter encontrado glóbulos vermelhos de um Tiranossauro Rex num osso fossilizado de 65 milhões de anos.

TEM MAIS

Dinossauros eletrônicos já tinham aparecido num filme mais modesto, lançado há cerca de quatro anos no Brasil e exibido há duas semanas pela Globo. O filme se chama *Baby, o Segredo da Lenda Perdida* e não contou com o marketing de *O Parque Dos Dinossauros*. Os críticos, pelo menos os de São Paulo, ignoraram o filme e seus dinossauros, bem mais simpáticos que os de Spielberg.

Para o cineasta-articulista Arnaldo Jabor, que escreveu sobre o filme *Parque Dos Dinossauros* – um "abacaxi" em sua opinião – Spielberg transformou nossos sonhos, nossos pesadelos milenares num gibi lógico, bem comportado.

MILIONÁRIOS

A *Folha da Tarde* foi um dos poucos jornais brasileiros que não estampou na primeira página as novas cédulas de Cr$ 1 milhão e de Cr$ 5 milhões. Quando a Argentina colocou em circulação uma cédula de 1 milhão de austrais, um empresário americano comprou um lote dessas cédulas e vendeu nos EUA com a frase "Fique milionário com esta nota".

O PÃO NOSSO

O preço do pãozinho subiu 25%, mas a *Folha da Tarde* de terça-feira, por engano, dobrou essa porcentagem no título. O preço do pão, aliás, deixou embaraçado o senador petista Eduardo Suplicy num debate na TV na campanha para a prefeitura em 85. O senador não sabia quanto custava um pãozinho. É bom não ter dúvidas.

TÍTULOS

O colunão de polícia do *Diário Popular* tem tantas mortes que para evitar a repetição de palavras como morto, matar e morreu acaba dando títulos engraçados, como "Lustrador voltava com dois amigos". Lendo o texto se descobre que o lustrador foi assassinado a tiros quando voltava de uma festa.

5/7/93

29. NEM PETISTA NEM MALUFISTA

"A *Folha da Tarde* está infestada de petistas e por isso só ataca o prefeito Paulo Maluf. Por que o jornal não dá uma linha para a recepção nababesca que o líder sindical Vicentinho deu no luxuoso Hotel Maksoud?" Ligações como essa são cada vez mais comuns. Pior, na maioria são anônimas. Não costumo levar em conta telefonemas de pessoas que não se identificam, mas acho que são interessantes do ponto de vista estatístico.

Sempre que o jornal publica uma notícia que atinge Maluf, o número de telefonemas contra o PT cresce. Rafael Papacidero, um dos leitores que se identificaram, enfatiza que não é malufista, mas defende o prefeito, que estaria sendo alvo de críticas injustas. Maurício Antonio Botijeli vai mais longe. Na opinião dele, "a *FT* virou sucursal do PT".

Outros leitores rotulam os repórteres de "petistas explícitos" e lançam desconfiança sobre a posição política do ombudsman. "Deve ser outro petista", comentou José Carlos Penido. Não sou petista nem malufista, mas respeito a opção política de qualquer pessoa.

Certamente há vários petistas no jornal, assim como peemedebistas ou malufistas. O critério da escolha dos profissionais para trabalhar na *Folha da Tarde* não é ideológico. O importante é a competência profissional. E os jornalistas competentes não misturam as coisas. Eles são apartidários a partir do momento em que chegam à Redação.

Quanto à abordagem crítica do noticiário que envolveu Maluf, o editor responsável da *Folha da Tarde* Alon Feuerwerker explica que isso faz parte da linha editorial do jornal. Não se critica apenas o prefeito, mas o governador, o presidente, os deputados e vereadores.

Quem ocupa cargos no governo deve estar preparado para dar satisfações ao povo e aos meios de comunicação. A *Folha da Tarde* não é um Diário Oficial para publicar apenas o que eles querem. Falar bem e ganhar um afago é muito fácil. Esse tipo de jornalismo a *Folha da Tarde* não faz.

SOFRIMENTO

Rebelião na PM? Outro massacre na Casa de Detenção? PC está na sala de espera? O que faz o governador Fleury perder a cabeça? Resposta: o Corinthians. Ele e o filho Luiz Felipe foram flagrados pelo fotógrafo Luiz Novaes, no Pacaembu, durante a partida entre o Timão e o Vasco, no dia 11. O Corinthians venceu por 4 a 3. Novaes, profissional veterano, captou uma imagem rara do governador. Pena que a sequência tenha sido mal aproveitada.

PINGUE-PONGUE

O cantor Tim Maia soube pela *Folha da Tarde* que seu nome estava vetado pela Rede Globo e reagiu com as seguintes afirmações: "Eu sabia! Inclusive eles pararam de tocar a minha música na novela. Vou acionar meu advogado, vou acionar esse Boni, que eu não preciso dele nem da Globo". A reportagem foi publicada no jornal do dia 7, assinada pela jornalista Cristina Padiglione. Uma semana depois as mesmas palavras foram utilizadas pela revista *Amiga*, em texto assinado por Cármem Guaresemin, sem citação da fonte.

ESQUECERAM DA REVOLUÇÃO

O historiador e professor João Marcos Carvalho, pesquisador da Revolução Constitucionalista de 32, protesta: a *Folha da Tarde* não publicou uma só linha sobre as comemorações de 9 de julho, realizadas no Ibirapuera, junto ao mausoléu que homenageia os heróis do movimento. "É um dos poucos acontecimentos cívicos da cidade", diz o historiador. Até a esquadrilha da fumaça participou. O ombudsman não se entusiasma com efemérides, mas concorda com o professor. Não se pode simplesmente ignorar os festejos de um movimento que sacudiu São Paulo.

LUGAR-COMUM

Jô Soares escapou de ser chamado de um "humorista sério", mas não de "um nome de peso no palco" (*Folha da Tarde* de sexta-feira, dia 16). "Como fazia muito frio, os ritmos latinos aquecem o palco" (idem).

19/7/93

30. DE SURPRESA EM SURPRESA

Como propaga em sua campanha publicitária, o *Jornal da Tarde* é mesmo cheio de surpresas. Na quinta-feira passada foi além da simples surpresa. Mais que tudo, provocou espanto ao lançar elogios sobre uma figura controvertida do cenário político latino-americano, o presidente (ou melhor, ditador) peruano Alberto Fujimori. Chegou a comparar a ação de Fujimori com a de um personagem lendário, Charles de Gaulle, que aplicou uma reforma institucional na França sem consultar ninguém.[9]

A manifestação de simpatia pelo líder peruano foi produzida a partir de outro artigo, no jornal *O Estado de S. Paulo* do dia 21, assinado pelo brigadeiro Paulo Camarinha, ex-chefe do Estado Maior das Forças Armadas. O militar, já reformado, reclama de privilégios do Judiciário e do Legislativo e lamenta a situação de "penúria" de sua classe. O texto de Camarinha acaba desembocando na área de outro ex-militar, o deputado Jair Bolsonaro, que defendeu a "fujimorização" do Brasil e foi alvo de ameaças de suspensão e cassação do mandato parlamentar.

Para justificar as primeiras críticas, feitas logo após o "golpe branco", o jornal propõe a correção do que considera "erro de avaliação" sobre o modelo Fujimori, que na opinião do articulista "não tem nada de parecido com um golpe caudilhesco no velho estilo latino-americano". O autor do texto parece espantado com o que considera "apoio da maioria do povo peruano, que já sente os resultados positivos de sua política de combate à inflação, que era maior do que a nossa no momento em que ele assumiu, e já está em menos de 2% ao ano".

Fujimori costuma dizer que sua intervenção foi sobre a

9 Alberto Fujimori foi presidente do Peru de 1990 a 2000. Após o chamado "Autogolpe de 1992" foi muito criticado e visto como autoritário.

"democracia formal" e que está lançando as bases para uma democracia verdadeira. O editorial do *Jornal da Tarde* conclui propondo uma reforma "na qual seja admissível a solução da crise" sem o "atalho golpista" de Fujimori. "Se não for possível, a democracia não aguenta, porque essa democracia a sociedade brasileira não aguenta mais."

Quando governos golpistas começam a servir de modelo é sinal de que a situação está pior do que se imagina. Pode-se dizer que o regime imposto ao Peru não é totalitário, porque a liberdade de imprensa foi preservada e as denúncias de violência e prisões políticas são relativamente pequenas. Mas uma pergunta é inevitável: até quando?

A população peruana ainda vive em extrema pobreza e alguns atos demagógicos de Fujimori, como a distribuição de comida em favelas, não são suficientes para manter sua popularidade. Os países latino-americanos estão sujeitos a imprevisíveis crises políticas e econômicas e o Peru não escapa disso.

Se a popularidade começar a cair e os números positivos da economia começarem a refluir, certamente o sorriso de Fujimori não será o mesmo. Nesses momentos os ditadores costumam ficar cada vez mais ditatoriais.

PINGOS NOS IS

O ombudsman registrou, na semana passada, o aproveitamento, pela revista *Amiga*, sem citação de fonte, de trechos de uma entrevista dada por Tim Maia à *Folha da Tarde*. A jornalista Carmen Guaresemin, que assinou a reportagem da revista, agiu dentro dos princípios éticos e citou a fonte. Segundo Carmen, a citação foi cortada posteriormente, sem seu conhecimento, na Redação da revista, no Rio.

DÓLAR DEMAIS

Na terça-feira a *Folha da Tarde* disse que o filho do pianista, empresário e amigo de Maluf, João Carlos Martins, e outras duas pessoas recebiam salários que totalizavam 100 milhões de dólares. No dia seguinte esclareceu no Erramos: o salário do filho do pianista é de 80 milhões de cruzeiros.

26/7/93

31. A MAIOR DEFESA DE ZETTI[4]

Desculpem-me os leitores, mas recorro a um chavão para descrever o impacto causado pela absolvição de Zetti. A notícia caiu como uma bomba nas Redações porque pouca gente, apesar de manter a pose otimista, acreditava no sucesso de um recurso do goleiro são-paulino. Afinal, a Fifa nunca havia voltado atrás em suas decisões.

Alguns jornalistas deixaram escapar esse pessimismo, como Sérgio Carvalho, do *Diário Popular*. Na opinião dele, Zetti já estava frito. "A Fifa age friamente e aplica a lei na íntegra", escreveu o articulista em sua coluna "Toque de Bola", na quarta-feira.

A *Folha da Tarde* fez uma cobertura exemplar do caso. Forneceu ao leitor não só o noticiário do dia, como também um rico material de suporte: os casos semelhantes (Maradona, Caniggia, Ben Johnson), opiniões de outros técnicos e jogadores, a repercussão na família etc.

As opiniões eram de surpresa e perplexidade. Todos concordaram que o goleiro não é uma pessoa que necessite de auxílio de drogas para atuar. O técnico do São Paulo, Telê Santana, que sempre toma as dores de seus jogadores, foi mais enfático que das vezes anteriores e lançou até suspeita de armação contra a seleção brasileira.

A edição teve duas pequenas falhas: a foto colorida da primeira página mostrou Zetti sorrindo, em alto astral. E o assunto, apesar de ser a manchete do jornal e de ocupar um grande espaço, não mereceu o editorial do dia. A leitora Cátia Aparecida

4 Nas eliminatórias para a Copa do Mundo de 1994, Zetti foi pego em um exame *antidoping*, na Bolívia. Depois foi absolvido porque a substância ilícita que ele havia ingerido era chá de coca, muito comum no país para enfrentar a altitude.

Bizzardi ligou para reclamar e cobrou a posição do jornal na questão. O editorial saiu no dia seguinte.

No sábado, quando Zetti voltou à manchete da *Folha da Tarde*, o noticiário veio devidamente acompanhado por um editorial. Vários leitores comentaram aspectos do caso, nenhum especificamente para elogiar a cobertura. Mas certamente eles ficaram, no mínimo, saciados.

O leitor Roberto Carlos Amparo Moreira acha que o episódio foi bom "para chacoalhar os jogadores, que estavam envolvidos por um irritante marasmo. Pode escrever. A seleção agora será outra. É nos momentos difíceis como esse que os craques de verdade mostram espírito forte. Vamos esquecer Zetti (o leitor ligou na sexta-feira, antes do anúncio da absolvição) e mandar a bola para a frente."

BAIXO ASTRAL

Leitora reclama da foto do velório do menino morto por causa de um tênis, na edição do dia 5, quinta-feira, primeira página. "Deixem a necrofilia e tratem de casos menos tristes." Por coincidência, a chamada que está logo abaixo é "Nasce nos EUA filho de uma mulher morta". Outra necrofilia, mas positiva.

AUTOMÓVEIS

É crescente o número de leitores que pedem um suplemento de carros na *Folha da Tarde*. O jornal tem dado alguns textos-legendas, mas não passa disso. Além das novidades do setor, os leitores querem tabelas com os preços dos automóveis.

QUEM DIRIA

A TV Cultura transmite partidas do campeonato japonês de futebol. Há alguns anos isso seria considerado uma maluquice.

ESCOLHA

A *Folha da Tarde* propõe, indiretamente, um teste de adivinhação para os leitores da notícia "Polícia investiga chacina ocorrida este ano", publicada no dia 4. Naquele dia estávamos no 215° dia deste ano. Fica por conta do leitor adivinhar em qual desses 215 dias aconteceu a chacina.

DÓLAR

Primeiro erro de conversão em cruzeiros reais saiu na *Folha da Tarde* de quinta-feira: o incêndio no The Gallery causou prejuízos de US$ 10 mil. O jornal converteu para CR$ 80 mil. São CR$ 830 mil.

SEM COMENTÁRIOS

A *Folha da Tarde* recebe diariamente uma grande quantidade de cartas e, no meio do bolo, aparece às vezes uma ou outra dirigida ao *Jornal da Tarde*, com endereço errado. Essa correspondência é devolvida para os Correios, com endereçamento correto. Imagino que a mesma coisa ocorra no sentido inverso. Mas nem sempre. Na terça-feira, a seção São Paulo Pergunta, do *Jornal da Tarde*, publicou comentários de um leitor sobre os meninos de rua, a propósito de uma reportagem assinada pelo jornalista Igor Gielow no dia 13 de julho. Detalhe: a reportagem citada saiu nesta *Folha da Tarde*. Igor é de nossa equipe de reportagem. E seu sobrenome é Gielow, e não Gielon, como foi grafado pelo outro jornal.

9/8/93

32. ELITISMO E SOFISTICAÇÃO

A *Folha da Tarde* é um jornal elitista? Acho que não. Alguns leitores, no entanto, acham que sim. A coluna "Cidadãos", de Wagner Carelli, e os textos do jornalista Pepe Escobar costumam ser citados como exemplos da elitização do jornal.

Estou aqui para advogar a causa dos leitores e portanto peço licença para explicar meu ponto de vista, que não coincide com o desses leitores. Acho que está havendo confusão entre elitismo e sofisticação. Sou contra qualquer tipo de elitismo. Alguns textos, no entanto, justificam o tratamento sofisticado, no bom sentido da palavra.

Wagner Carelli, profissional experiente, é capaz de produzir artigos brilhantes, em linguagem "normal". Mas um repórter social deve possuir uma linguagem peculiar, ser inventivo na forma de transmitir seu recado e ser reconhecido pela forma com que se dirige ao seu público. Isso é sofisticação, e não elitismo.

Quanto a Pepe Escobar, outro jornalista veterano, é mais cronista que repórter. Seu texto é carregado de ironia e humor e pode desagradar alguns leitores por causa da abordagem sofisticada.

Concordo que Wagner e Pepe às vezes exageram e com isso municiam seus críticos. Mas não se deve subestimar a inteligência do leitor.

FALTOU INFORMAÇÃO

A *Folha da Tarde* cometeu, na quarta-feira, uma pequena, porém significativa, gafe de edição ao privilegiar uma peroração oficial em detrimento do noticiário fatual sobre o início de um ambicioso projeto que pretende transformar o Tietê num rio de verdade até o ano 2005. Atualmente o Tietê não passa de um grande esgoto a céu aberto.

A notícia, apesar de seu caráter formal é de grande interesse para a cidade. Pela primeira vez o problema vai ser atacado a fundo. O jornal, embalado pelas denúncias de irregularidades numa das concorrências, acabou relegando a assinatura dos 52 contratos a terceiro plano, num colunão (espaço destinado a pequenas notas de menor importância) do caderno Cidade. E a resposta do governo para as acusações ocupou local nobre – a página 3 do primeiro caderno – e um espaço grande para os padrões da *Folha da Tarde*, um jornal compacto.

Foi certamente um erro de avaliação, pois solenidades como as que marcaram a assinatura dos contratos costumam ser aproveitadas politicamente. E um pacote de obras de US$ 900 milhões (só na primeira fase) não passa em branco num momento em que os presidenciáveis se aquecem para a corrida à sucessão de Itamar. Este ombudsman, aliás, tem alertado os editores para evitar os textos com tom de *release*.

No caso do Projeto Tietê o jornal sonegou dos leitores informações interessantes sobre as várias fases da obra, as novas estações de tratamento da água e o financiamento do empreendimento, que vem de fora, principalmente do Japão. O leitor ficou sabendo em detalhes das acusações de irregularidades contra uma das empreiteiras, mas não terá a menor ideia sobre o projeto em si, porque a *Folha da Tarde* se limitou a publicar uma nota de apenas oito linhas.

A edição de um noticiário requer, além de uma avaliação correta da qualidade das informações, a concentração num só local dos vários assuntos ligados ao tema principal, para facilitar a leitura. Nesse caso específico, o início das obras, previsto para esta semana, deveria abrir a página. Dessa forma o quadro com a resposta às acusações de irregularidades se encaixaria naturalmente na página.

Fábio Santos, secretário de Redação da *Folha da Tarde*, concorda com as observações do ombudsman. "Apesar desse tipo de solenidade ser usado como palanque eleitoral, a *Folha da Tarde* deveria ter mostrado como serão as obras. Até porque essa seria uma forma de mostrar as dificuldades que o governo terá para concretizar o plano."

Quanto ao destaque dado à contestação do governo, Fábio Santos explica que a Redação não privilegiou a resposta do secretário José Fernando da Costa Boucinhas, e sim seguiu uma norma interna que determina a publicação da versão das partes envolvidas com o mesmo destaque que a reportagem que deu origem ao caso.

16/8/93

33. QUEBRA-CABEÇAS POLICIAL

O noticiário policial está cada vez mais para Jason (aquele da série *Sexta-feira 13*) que para Sherlock Holmes. Hoje se mata a torto e a direito, de dia ou à noite, no meio de movimentadas avenidas, e os bandidos nem se preocupam em esconder o rosto. O ombudsman, que lê os principais jornais da cidade por força da profissão, descobriu que, na falta de mistério, é possível montar um quebra-cabeças com as informações diferentes publicadas por cada jornal para um mesmo fato.

Na noite de terça-feira, dia 17, o empresário Nivaldo Pereira Esteves, dono de uma pequena rede de farmácias, foi assassinado por dois homens perto de sua casa, no Morumbi. Nisso todos os jornais concordam. Mas quando se entra nos detalhes começam as contradições, que dividi em cinco pontos.

1. Como Nivaldo foi morto?

Dois homens roubaram uma picape F-1000 e, na fuga, bateram na traseira do Fiat Tempra dirigido pelo empresário, segundo a *Folha da Tarde*. Nivaldo desceu para ver o estrago e foi baleado. O *Diário Popular* conta uma história diferente. Os dois assaltantes bateram na grade de um prédio com a picape e fizeram uma encenação fingindo que estavam machucados. Nivaldo caiu no golpe. Desceu de seu Tempra para socorrer os desconhecidos e foi baleado.

2. Quantos tiros atingiram Nivaldo?

Um, na barriga, de acordo com a *Folha da Tarde*. Três – dois no peito e um na testa – segundo o *Diário Popular. O Estado de S. Paulo* diz que foram três no peito.

3. O que Nivaldo fazia quando foi atacado?
Ele tinha acabado de comprar leite, como fazia todos os dias quando voltava do trabalho, relata a *Folha da Tarde*. Para o *Diário Popular* este é o único ponto obscuro do caso. Ninguém soube explicar por que o empresário seguia pelo caminho inverso ao de sua casa.

4. Os criminosos foram perseguidos após o assassinato?
Sim, segundo o *Diário Popular*. A velocidade do Tempra chamou a atenção de dois guardas metropolitanos, que foram atrás e trocaram tiros com os ladrões. Um dos guardas foi ferido na mão. Eles não conseguiram alcançar o Tempra. Os demais jornais não citam esta parte da história.

5. Nivaldo já havia sido assaltado?
Ele não andava armado e nunca tinha sido roubado, afirma a *Folha da Tarde*, valendo-se do testemunho dos familiares. Já *O Estado de S. Paulo* diz o contrário. Ele já havia sofrido um assalto e costumava dizer que ninguém deveria reagir numa situação dessas.

Esse desencontro de informações mostra como é difícil cumprir um dos mandamentos do bom jornalismo, a exatidão das informações levadas para a publicação. "Seja obsessivamente rigoroso, não menospreze os detalhes", determina o *Novo Manual da Redação* da *Folha*. Mas muitas vezes as informações são colhidas em diferentes fontes que dão diferentes versões. Esse fato, mais a velocidade com que o texto é redigido costumam ser apontados pelos repórteres como os responsáveis pelas contradições. Pode ser uma explicação, mas não serve de justificativa. O leitor paga para ser bem informado.

EM BOA HORA

Não se pode acreditar que a notícia da matança de ianomâmis tenha sido espalhada pelo governo para desviar a atenção de problemas como o IPMF (o imposto do cheque) e a privatização da Cosipa. "Mas não se pode negar que a confirmação da chacina veio em boa hora", comenta o leitor Sandro Matoso Júnior. Os índios desbancaram até a questão salarial das manchetes, disse Sandro. Não foi o caso da *Folha da Tarde*.

NÃO COLOU

Oficial da PM entrevistado pela TV Record negou que os soldados tivessem agredido os manifestantes no protesto contra a privatização da Cosipa: "Nós é que fomos agredidos. A PM não bateu em ninguém. Os manifestantes estão se autoflagelando". Sem comentários.

MAIORIDADE PENAL

Os jornais, entre eles a *Folha da Tarde*, aproveitaram mal a informação do ministro da Justiça, Maurício Corrêa, de que o governo quer a redução da maioridade penal para 16 anos. Isso significa que a partir dos 16 anos qualquer garoto deixará de ser inimputável. É grande o número de menores envolvidos em assassinatos. O caso leva a uma outra questão: se o menor de 16 anos pode ser responsabilizado penalmente ele deve ter também direitos. O de dirigir, por exemplo.

23/8/93

34. EM DEFESA DA CREDIBILIDADE

Recomendar a um jornalista escrever corretamente, com informações corretas e sem erros gramaticais parece redundância, algo como ensinar o Padre Nosso ao vigário. Parece, mas não é. Nenhum repórter sai à rua para pegar informações erradas e nenhum redator prepara um texto com intenção de trocar o certo pelo errado. Mas isso acontece com certa frequência por uma série de circunstâncias, entre as quais o curto espaço de tempo para elaboração do jornal.

Não é a primeira vez que abordo esse assunto e nem será a última, pois uma edição sem qualquer erro ainda é um sonho, apesar do esforço dos editores e da vigilância do ombudsman, que faz diariamente uma leitura crítica da edição. O excesso de erros não só irrita o leitor como também arranha a credibilidade do jornal.

Erros de informação são particularmente graves porque, em muitos casos, prejudicam diretamente o leitor. Na edição de sexta-feira, um quadro com o roteiro dos principais vestibulares de São Paulo – Fuvest, Unesp e Unicamp – saiu com informações incorretas, o que obrigou o jornal a repetir o quadro no sábado, com correções.

Na quinta-feira o jornal afirmou que as feiras funcionariam hoje, tradicional dia de descanso dos feirantes. Na quarta-feira, a seção Filmes na TV informou que a história de *A Carga da Brigada Ligeira* passa-se em 1954. O erro foi de um século. O correto é 1854. Na terça-feira, ao noticiar o assalto ao ex-secretário da Justiça Manuel Alceu Afonso Ferreira, o jornal afirmou que ele dirigia um carro Mitsubishi, quando na realidade era um Toyota. Na segunda-feira, Pedro Simon foi identificado como o líder do governo na Câmara. Simon é senador.

Os erros não são privilégio da *Folha da Tarde*, atingem todos os jornais. E nem todos corrigem como faz este jornal com a seção Erramos, publicada sempre na página A-2.

E A LICENÇA?

O PT utilizou, sem a menor cerimônia, uma charge de Cláudio, da *Folha da Tarde*, para ilustrar um folheto distribuído nas manifestações contra o aumento das passagens de ônibus e a privatização da CMTC. Cláudio é um profissional e não ficou nem um pouco satisfeito em ver seu trabalho pirateado e ainda por cima desfigurado por um corte grosseiro na cabeça do personagem, o secretário municipal de Transportes, Getúlio Hanashiro. Está certo, não houve interesse comercial, ninguém ganhou dinheiro com a charge. Mas houve falta de respeito com um trabalhador. Cláudio não foi contratado para fazer gracinhas. Charge não é simplesmente um desenho, mas uma obra elaborada, crítica e política. Ela é produzida e publicada dentro de um determinado contexto. Sua utilização em outras publicações, sem a orientação do autor, pode alterar o sentido do pretendido. Mas vamos aos finalmentes: custava pedir licença?

Charge de Cláudio de Oliveira publicada na *Folha da Tarde* que foi utilizada pelo PT sem consentimento do artista.

QUESTÃO DE OPINIÃO

"*O Último Grande Herói* é uma das melhores paródias ao cinema já realizadas. Vá ver hoje (sexta), amanhã, domingo, segunda e terça. Uma ou duas vezes é pouco"

José Norberto Flesch, crítico da *Folha da Tarde*

"*O Último Grande Herói* é o tipo de fita que se recomenda para os inimigos"

Rubens Ewald Filho, crítico do *Jornal da Tarde*

LAZER

Jogos como o de sete erros e palavras cruzadas estão fazendo falta, queixa-se o leitor Edwin Pereira de Mello. A Redação informa que o jornal privilegia a informação e por isso o espaço dos jogos foi ocupado por notícias. Mas seu pedido, como de outros leitores, está em estudo.

TEIMOSIA

A *Folha da Tarde* criticou, em editorial, a intenção dos professores grevistas do Estado de fechar a avenida Paulista para uma assembleia, lembrando os transtornos que causa aos paulistanos. O governo garantiu que impediria o bloqueio da avenida. Os professores não só fizeram a manifestação como saíram em passeata e pararam a cidade.

6/9/93

35. ASSINOU E NÃO ASSINOU

O *Diário Popular* publicou na quarta-feira uma boa notícia para quem está terminando a construção de um imóvel. O prefeito Paulo Maluf assinou decreto tornando mais simples a concessão do Habite-se, documento que libera o uso de imóveis novos. No mesmo dia a *Folha da Tarde* dizia exatamente o contrário. O prefeito não assinou o decreto.

Assinou ou não assinou? Não assinou. A decisão foi tomada em cima da hora, atendendo a solicitação do setor imobiliário, um dos principais interessados na questão. A decisão surpreendeu a assessoria do prefeito, que havia montado um cenário para a celebração do decreto que, sem dúvida, vai facilitar a vida de muita gente.

Os jornalistas já tinham recebido o tradicional *release*, um material produzido com antecedência e que, em princípio, destina-se a servir de subsídio para os repórteres. Mas o bom jornalista não se contenta com informações oficiais e acompanha essas solenidades até o fim. É ver para crer. Quem acredita que a rotina nunca vai ser quebrada está sujeito a uma "barriga".

"Barriga", no jargão jornalístico, é notícia falsa ou com grave erro de informação. Costuma acontecer nas grandes coberturas, quando os repórteres estão empenhados na busca de um "furo" (notícia exclusiva) e, na pressa, passam por cima de um mandamento do bom jornalismo, a checagem das informações. A "barriga" do Habite-se prova que um erro grave como esse pode ocorrer até numa simples solenidade oficial. É uma lição para os repórteres que estão com aquela notícia "quentíssima", dada por uma fonte segura, que dispensa confirmação. Ele corre o risco de, no dia seguinte, descobrir que a informação era falsa, plantada por uma pessoa interessada na publicação.

A DANÇA DO TEMPO

O levantador Maurício, da seleção de vôlei, foi assaltado e obrigado a dar um incômodo passeio em seu Tempra, ameaçado por dois rapazes armados. Para *O Estado de S. Paulo* o jogador passou 40 minutos nas mãos dos bandidos. A *Folha da Tarde* diz que foram 50 minutos. O *Diário Popular* calculou em mais de uma hora. Afinal, quanto tempo durou o assalto? O próprio Maurício responde: "Uma eternidade".

NÃO DÁ

O humorista Jô Soares também andou na mira de assaltantes. Segundo o *Diário Popular*, quatro homens enfiados em um Fusca tentaram sequestrar Jô, mas foram rechaçados pelo zelador do prédio. Os demais jornais, entre eles a *Folha da Tarde*, preferiram uma versão menos sensacionalista. Houve uma tentativa de assalto e não de sequestro. Assustado, Jô dizia que a hora não era para brincadeiras mas deu uma resposta bem-humorada aos que falavam em sequestro: "Num Fusca?".

LOUCADEMIA

A melhor definição para a insana operação policial da quinta-feira, quando policiais civis e militares se envolveram numa briga, foi a do delegado-geral Álvaro Luz Franco Pinto. "Foi digna de uma *Loucademia de Polícia*", disse o delegado, referindo-se à série de filmes que satiriza a polícia. Franco Pinto acha que a imprensa exagerou nos números. Da parte da polícia civil havia "apenas" 60 homens e 30 viaturas. "Apenas" 60 homens para prender dois soldados da PM?

VIOLÊNCIA

"Na calada da madrugada", "nas sombras da noite", em "avançada hora". Nos anos 50 os jornais usavam esses chavões com frequência. Desta vez não foi só força de expressão. O governo agiu na calada da madrugada para expulsar professores em greve que ocupavam o prédio da Secretaria da Educação, na praça da República. Três jornalistas foram feridos.

FUNCIONALISMO

A *Folha da Tarde* publica a partir de hoje uma coluna dirigida aos funcionários públicos. Vem em boa hora. O ombudsman recebe grande número de telefonemas pedindo maior atenção para a categoria. Todos se identificam, mas pedem para não divulgar o nome, com receio de punições. Algumas frases que recolhi durante a semana passada: "Trabalho há 24 anos e recebo, líquido, CR$ 12 mil"; "O governo exige resultados mas não dá condições, nem financeiras e nem materiais"; "A pior coisa que fiz na vida foi trabalhar no serviço público"; "Faço bicos com táxi, porque o vencimento da prefeitura não dá para a comida".

20/9/93

Reprodução

A volta do herói *National Kid* foi explorada por toda a imprensa em setembro de 1993, como nesse anúncio do *Jornal do Vídeo*, reproduzido na coluna de Hirao de 27 de setembro de 1993.

36. POBRE *NATIONAL KID*

Um bom trabalho de marketing é capaz de qualquer coisa, até de vender gato por gato mesmo. O gato, neste caso, é um anêmico super-herói japonês, criado para a TV japonesa há 30 anos num estúdio de fundo de quintal da Toei, na época (anos 60) uma produtora de respeito no Japão. A série, rodada em branco e preto, era uma assumida promoção da National, uma das marcas do grupo Matsushita (Panasonic no Brasil).

National Kid, o herói espacial e comercial, chocava pela pobreza. A série era pobre de ideias, de concepção e realização. A imprensa brasileira, muitas vezes ingênua, embarcou na onda de um grupo de nostálgicos cultores de "Nationaru Kido", como pronunciam os japoneses, e colaborou na transformação de um produto de baixa qualidade em sucesso de vídeo.

O culto a séries de TV não é novo. Os jornais volta e meia falam dos clubes de *Jornada nas Estrelas*, *Terra de Gigantes* e *Além da Imaginação*. Este último, criação do roteirista Rod Serling, destacou-se pela inventividade e inteligência. Era um seriado pobre mas criativo, merece o culto. Mas *National Kid* é demais.

BA Sato, empresa que trouxe as fitas com os 39 capítulos da série, já vinha preparando o terreno há mais de um ano. Para animar as locadoras vinha invocando o entusiasmo da imprensa. No começo de agosto publicou um anúncio de página inteira no *Jornal do Vídeo*, um veículo de circulação dirigida, que é distribuído nas locadoras de vídeo, assegurando que os jornais iam abrir espaço para o desembarque do herói em terras brasileiras.

"O lançamento da série *National Kid* vai ser explorado por toda a imprensa, que aguarda com entusiasmo a chegada das fitas nas locadoras", dizia o texto do anúncio. Dito e feito. Todos os grandes jornais se renderam ao herói.

A promoção ganhou um nome pomposo, "Celebração do Retorno", e envolveu até o Museu da Imagem e do Som, onde foi lançado um livro de poemas de Fábio Malavoglia chamado *Incas Venusianos*. Esses neoincas eram os vilões da série. O anúncio tinha razão. Os jornais deixaram de lado o senso crítico e foram atrás do herói cult. *National Kid*, que nem no Japão foi levado a sério, reinou nos cadernos de variedades. Na semana passada, todos os jornais de São Paulo saudaram com um "Awika", o grito de guerra da série, o regresso do herói. Nenhum abordou os aspectos supernegativos dos personagens japoneses como *National Kid* e seus filhotes *Jaspion*, *Ultraman*, *Jiraya*, *Sharivan* e *Changemen*.

Esses personagens, todos feitos ainda pela Toei, hoje uma produtora em crise, são violentos, usam a cabeça só para dar cabeçadas e se destacam por atitudes belicosas que revelam uma nostalgia pelo militarismo que levou o país à guerra. O grupo *Changemen*, por exemplo, anda uniformizado, bate continências ao chefão e parte para a briga para salvar a humanidade.

A Matsushita não precisa mais de *National Kid*. Cresceu, tornou-se o maior fabricante de aparelhos de vídeo do planeta e estendeu seus braços a Hollywood. Comprou os estúdios da Universal, onde foi produzido *Parque Dos Dinossauros*, de Spielberg. Os dinossauros de Spielberg certamente faturam mais que o super-herói com jeito de dinossauro.

NÃO ADIANTOU

Na semana passada este ombudsman comentou a "barriga" (notícia falsa, no jargão jornalístico) do *Diário Popular*, que anunciou a assinatura, pelo prefeito Paulo Maluf, do projeto de simplificação do Habite-se.[10] O prefeito havia adiado a assinatura em cima da hora. Agora foi com a *Folha da Tarde*. Na edição de quinta-feira o jornal disse que os bancários decidiram aceitar a nova proposta de reajuste salarial da Fenaban, a Federação Nacional dos Bancos. O repórter não adotou a regra do "ver para crer" e confiou numa tendência pela votação a favor da proposta, o que não se confirmou.

10 Ver coluna 35, p. 109.

ESQUECERAM DE MIM

A torcida da Portuguesa anda furiosa com o pouco espaço que os jornais dão ao clube. E com razão. Vários torcedores reclamaram, na quinta-feira, da falta de notícias sobre o jogo em que a Lusa venceu o Atlético do Paraná por 2 a 0. A notícia saiu, mas em pouco mais de duas linhas de coluna, no pé da derrota do São Paulo, também por 2 a 0, para o Flamengo, no Maracanã. "Vocês dão uma página de surfe e duas linhas para a Portuguesa", reclamou o torcedor Maurício Gouveia Borges.

27/9/93

37. DEIXEM O EXÉRCITO EM PAZ

Virou mania invocar a ação do Exército sempre que alguma coisa vai mal no país. Como atualmente nada vai bem, aumentam as vozes de defensores de uma ação militar, como se os generais fossem capazes de operar milagres. O pior é que alguns jornais estão servindo de veículo para os grupos que pregam a radicalização dos rumos do Brasil, esquecendo-se da desastrosa experiência do regime militar.

Este ombudsman vinha recebendo muitos telefonemas de leitores que acusavam o presidente Itamar Franco de falta de autoridade e defendiam uma "fujimorização" do país. Alberto Fujimori, presidente eleito do Peru, fechou o Congresso e assumiu poderes ditatoriais sem a participação direta dos militares. Hoje esses mesmos leitores falam abertamente em golpe militar.

Na semana passada os jornais voltaram a cogitar uma intervenção militar no Rio, depois do choque entre policiais e traficantes na favela do Acari. Oito traficantes morreram. Os traficantes estavam com armas pesadas, na maioria de uso exclusivo das Forças Armadas. O *Jornal do Brasil* noticiou a possível ação do Exército nos morros onde os traficantes instalaram bases operacionais e em outra página abriu uma reportagem sobre a violência em São Paulo. A polícia teria registrado 47 mortes violentas na região metropolitana de São Paulo entre 19h de domingo e 7h de segunda-feira. Segundo o jornal carioca, foi uma "madrugada de terror".

O governador aproveitou para dizer que o Rio não é tão violento assim, que em São Paulo se mata mais. Com isso reacendeu a rivalidade entre paulistas e cariocas, desta vez de forma macabra, para ver quem mata mais. A notícia sobre os 47 mortos foi obra do *Diário Popular*, que obteve o número depois de consultar os distritos policiais e somar os casos de morte violenta, incluindo no mesmo bolo vítimas de acidentes e atropelamentos.

Na mesma edição, o *Jornal do Brasil*, como se tentasse provar a eficiência da intervenção do Exército, lembrou que na Eco-92, quando o Exército participou do esquema de segurança dos principais dirigentes mundiais, tudo deu certo e não houve qualquer problema policial envolvendo os congressistas. Só no final, quando os militares haviam se retirado, um canadense, que decidira ficar alguns dias mais no Rio, foi ferido num assalto a ônibus.

Na sexta-feira, quando a guerra de Acari começava a sair dos jornais, a ação das Forças Armadas voltou a ser cogitada em meio à repercussão da confusão criada por manifestantes na votação da revisão da Constituição. O ministro-chefe da Secretaria de Assuntos Estratégicos, almirante Mário César Flores, afirmou que "se a crise não for resolvida em seis meses a um ano, a sociedade poderá exigir soluções não exatatamente ortodoxas". *O Estado* baseou-se nas palavras do almirante para dar a seguinte manchete: "Flores alerta para o risco de golpe".

Na sexta-feira à tarde, um homem que não quis se identificar ligou para o ombudsman e pediu para encaminhar à Redação uma sugestão de reportagem sobre o quanto o país economizaria com o simples fechamento dos parlamentos federais, estaduais e municipais. Expliquei ao leitor que nem se poderia pensar nisso, pois o jornal faria o jogo dos grupos radicais. Afinal o Congresso é a base da democracia.

A pior democracia é preferível à melhor das ditaduras, comentei. O homem desligou abruptamente e cinco minutos depois voltou a ligar. Desta vez foi breve: "Os jornais também deveriam ser fechados", afirmou. Certamente o Exército tem uma missão mais nobre do que policiar ruas e reprimir traficante.

CUIDADO

O leitor Jandir Alves da Silva ficou aterrorizado ao ver a reportagem sobre a escola Waldorf na *Folha da Tarde* de terça-feira passada. Não pelo texto, que ele considerou excelente, mas por uma das fotos, que mostra uma aluna trabalhando num esmeril sem óculos de segurança. "É um perigo. O esmeril é uma das maiores causas de acidente de trabalho", alerta Jandir.

VÔLEI

A *Folha da Tarde* cobre as grandes decisões mas nada informa sobre o campeonato estadual de vôlei, queixa-se o assinante Edmundo Antônio da Silva. O campeonato tem equipes de prestígio, como Pirelli e Banespa, e não pode ser ignorado, diz o leitor.

CHOCANTE

A dona de casa Luciete Guimarães ficou chocada com a foto dos presos mortos na chacina do Pavilhão 9 da Casa de Detenção no sábado. Na opinião dela "é sensacionalismo do jornal", pois faz um ano que ocorreu a chacina e fotos semelhantes já haviam sido publicadas. "Estragou meu fim de semana", reclamou.

4/10/93

38. CAINDO NA REAL

Acho que jornal pode ser comparado a um ser vivo que, ao longo de sua existência, cresce, se transforma e evolui, consolidando a sua personalidade. A *Folha da Tarde* cresceu, passou por inúmeras transformações em seus 12.242 números e sem dúvida evoluiu. Mas há algum tempo vem se afastando de seu projeto editorial e sofrendo arranhões em sua personalidade.

E não foi por falta de aviso. Na edição de 20 de agosto a leitora Patrícia de Morais alertava para a elitização do jornal, que destacava fatos completamente alheios à realidade dos paulistanos. "Que a *Folha da Tarde* caia na real, senão corre o risco de perder leitores", alertava a leitora.

Nesta mesma coluna, no dia 13 de setembro, o ombudsman chamava a atenção para esse desvio da linha editorial. O jornal, que deveria ter a "cara da cidade", estava publicando até pequenos casos policiais do interior da Amazônia.

O ombudsman, que entre suas funções faz uma análise diária do jornal, enfatizou na quinta-feira a necessidade de priorizar o noticiário da cidade sempre que possível. Nesse dia era possível, pois a *Folha da Tarde* revelava com exclusividade a existência de uma rede de espionagem na prefeitura. A mini-SNI funcionava na Secretaria Municipal dos Transportes.

Apesar do furo, a manchete de quinta-feira foi "Itamar quer IR de 45% nos salários". A ideia é a mesma da manchete do dia 30 de setembro. "Leão do IR quer aumentar a mordida na classe média". A repetição seria justificável se a alíquota de 45% tivesse sido aprovada. O pacote que inclui o ataque do Leão ainda depende de aprovação na reforma da Constituição.

Também a manchete do dia seguinte foi do noticiário nacional, a queda da liminar concedida por um ministro do STF, que vinha impedindo a instalação dos trabalhos da revisão constitucional. "Novela acaba, e Congresso vai mexer na Constituição". Era sem dúvida a notícia mais importante do dia, por envolver uma grande gama de interesses políticos e econômicos.

A própria manchete refere-se ao vaivém da revisão como uma "novela". Para os jornais de circulação nacional o tema da manchete não poderia ser outro. A *Folha da Tarde*, que possui um público diferenciado, tinha a liberdade de recorrer a outro assunto para a manchete.

A *Folha da Tarde* se propõe, em seu projeto, a fazer um jornalismo de serviço completo, que torne o jornal indispensável para o dia a dia do leitor. O serviço continua com falhas e algumas sugestões de leitores não têm sido atendidas. Por exemplo, no resultado da Loto não sai o valor dos prêmios da quadra e dos ternos, somente da quina. A quantia do terno é pequena se comparada com a das quinas, mas interessa a muito mais gente. Mais de 20 mil pessoas costumam acertar o terno.

No sábado o ombudsman (e certamente a maioria dos leitores) teve uma boa surpresa. O jornal, no conjunto, estava melhor diagramado, com páginas menos caóticas e mais atraentes, com várias fotos em cada página. Enfim, mais fácil de ler, como prevê o projeto editorial. Ficou claro que o jornal tem uma Redação ágil e talentosa, capaz de, em dois dias, renovar o aspecto gráfico do jornal. O desafio para o jornalista Nilson Camargo, que assumiu o cargo de editor responsável da *Folha da Tarde* na sexta-feira, é muito maior. Pôr o jornal na linha.

DATAS

Falta de civismo ou de fé? Os jornais estão se esquecendo da origem dos feriados, mais preocupados com o trânsito nas estradas e se vai chover ou não. No 7 de Setembro foi assim. Agora, o dia 12 de outubro parece se limitar ao Dia das Crianças, quando na realidade o feriado é dedicado a Nossa Senhora de Aparecida, padroeira do Brasil. O feriado de amanhã foi oficializado na visita do Papa ao Brasil.

FACULTATIVO

O Estado decretou ponto facultativo e hoje as repartições estaduais não abrem. A prefeitura deve funcionar normalmente. Os jornais não tiveram nem a curiosidade de levantar a razão disso. Também o dia 9 de julho foi feriado estadual, mas não municipal.

11/10/93

39. ENTRE DEUS E O DIABO

A imprensa brasileira caiu de amores por Michael Jackson e agiu como uma tiete deslumbrada nas reportagens da temporada paulistana do cantor. Os jornais e a Rede Globo mostraram seu lado provinciano abrindo grande espaço ao ídolo pop. No telejornal *São Paulo Já* de terça-feira, uma repórter global conseguiu sobrevoar o hotel Mofarrej Sheraton à noite de helicóptero e, entusiasmada, mostrava uma janela e dizia: "Vejam, é lá o quarto de Michael Jackson". Ele nem tinha chegado a São Paulo.

O tom provinciano foi exacerbado pelo *Diário Popular* de sábado com a manchete "São Paulo vê show de Primeiro Mundo". A *Folha da Tarde* não ficou atrás. Na edição de quinta-feira mudou todo o esquema gráfico da primeira página e saiu com a manchete "ELE ESTÁ ENTRE NÓS", em maiúsculas. O *Jornal da Tarde* também recorreu ao cantor na manchete de sábado: "Show de Michael agita a cidade".

Se para as fãs extremadas, que choraram de emoção no espetáculo de sábado, o popstar parece um enviado do céu, para outros ele é uma encarnação do diabo. "Esse cara não passa de um pervertido, explorador de criancinhas, que deveria estar na cadeia", disse o tradutor José Rubens Taveira Dias, assinante do jornal, que procurou o ombudsman na quinta-feira para protestar contra o espaço – mais de meia página – ocupado pelo cantor na capa da *Folha da Tarde*.

Outras quatro pessoas ligaram para reclamar. Uma mulher, que não autorizou a publicação do seu nome, lembra que Michael Jackson chegou dando um show de arrogância, ostentação e desperdício no momento em que o país está mobilizado numa campanha contra a fome. "Fico envergonhada. O pior é que o dinheiro arrecadado nos shows vai para a terra dele, onde ninguém morre de fome e onde Michael Jackson toma seus banhos de água mineral."

O ombudsman acha que os leitores têm razão. Um espetáculo que recebe um público de 70 mil pessoas não pode ser ignorado. O cantor certamente tem talento. Isso, no entanto, não justifica a supercobertura do evento. Defendo sempre soluções ousadas para tirar o jornal da rotina, da mesmice e da chatice, mas desta vez o jornal errou na dose. Quem não gosta de Michael Jackson ficou com poucas opções.

Na crítica das edições diárias este ombudsman alertou, na quinta-feira, que a *Folha da Tarde* tocava nos extremos. De um lado seduzia os jovens com Michael Jackson e de outro os mais velhos com a publicação da primeira parte de uma lista de 95 mil nomes de novos aposentados.

O editor responsável da *Folha da Tarde*, Nilson Camargo, acha que o jornal foi coerente com sua linha editorial, voltada para a cidade. "A presença de Michael Jackson foi, na semana passada, o principal assunto da cidade. Despertou interesse e mudou a rotina de centenas de milhares de pessoas. O jornal prestou um serviço aos paulistanos".

Nilson ressalta que houve uma grande preocupação com os leitores que não gostam do cantor. O suplemento "Programe-se", de sexta-feira, trazia a manchete "Opções para quem não vai ver Michael", lembra Nilson. E Michael foi manchete apenas um dia, ressaltou.

IMPRENSA

Do jornalista Antônio Britto, ministro da Previdência Social, um dos conferencistas de amanhã no Fórum Folha de Jornalismo e Mídia: "Os jornais precisam criar obsessivamente mecanismos de autocrítica, como ombudsman, conselhos editoriais externos e reuniões periódicas com leitores".

CONFUSÃO

O ombudsman recebeu telefonemas de dois leitores, na tarde de sábado, com dúvidas sobre o início do horário de verão. Começa hoje ou amanhã? O título da reportagem de sábado dizia que o relógio deve ser adiantado em uma hora hoje (sábado) à meia-noite. Logo em seguida, na abertura, o texto diz que isso deve ser feito à zero hora de amanhã. É a mesma coisa, mas parece mais complicado que se imagina.

FALHA

A editoria de Exterior publicou na edição de quarta-feira uma foto de Boris Ieltsin no Japão, cumprimentando o premiê japonês Hosokawa. No centro da foto aparece outro homem, que o redator não conhecia ou se esqueceu de identificar. Era o imperador do Japão.

18/10/93

40. A NOVA CARA DA *FT*

A *Folha da Tarde* mudou de cara mais uma vez. Depois de levar o ídolo pop Michael Jackson à manchete, o jornal decidiu radicalizar sua vocação paulistana e tomou uma atitude ousada na edição de quinta-feira: varreu da primeira página todo o noticiário nacional, com exceção da localização de PC Farias em Londres. Mas o que mais chamou a atenção foi o destaque dado ao caso da empregada doméstica de 66 anos acusada de envenenar a família para quem trabalhava.

Neste dia os jornais abriam nas manchetes o depoimento do economista que teve o Orçamento do país nas mãos e resolveu contar em detalhes, dando nomes aos bois, a manipulação criminosa do dinheiro do governo. O escândalo enlameou muita gente, de deputados a ministros e era candidato natural à manchete. A *Folha da Tarde*, empenhada em conquistar novos leitores, preferiu a empregada e ignorou o escândalo na primeira página.

Os leitores Altair Silva e Márcia D'Apice de Genario procuraram o ombudsman para reclamar. Acharam a manchete "sensacionalista e apelativa", indigna de um jornal como a *Folha da Tarde*. O ombudsman, que advoga a causa dos leitores, concorda com as observações. E acrescenta uma contradição do jornal ao destacar o depoimento do economista em quase duas páginas da seção de Política. Um assunto que merece esse espaço no corpo do jornal deveria ter lugar assegurado na capa.

Mas o ombudsman não reclamava da despersonalização da *Folha da Tarde*, que se dispunha a ser um porta-voz da cidade? Exatamente. Isso, no entanto, não a impede de destacar, à sua maneira, os fatos importantes da política nacional, como o escândalo do Orçamento.

As maiores reclamações de mudanças partem de assinantes. E é em respeito aos assinantes, que compram um produto com antecedência, que defendo uma consulta prévia, em forma de pesquisa, antes de uma mudança estrutural no jornal. Sou a favor de mudanças periódicas, para adaptar às transformações naturais da sociedade, evitando o envelhecimento precoce da *Folha da Tarde*. Mudanças que o leitor possa absorver sem traumas e sem que precise se queixar ao ombudsman.

Não vejo nada de mal em tentar fisgar o leitor de banca pela manchete. Mas mais que o leitor eventual é preciso manter o comprador fiel, que reserva seu exemplar na banca qualquer que seja a manchete. São leitores preciosos, que a *Folha da Tarde* não pode perder. O ombudsman alerta, por experiência própria, que não é difícil perder leitores. Difícil é conquistar novos leitores.

Deputados aprovam lei que manda pagar os salários no dia 2 de cada mês

A 2ª Feira do Vestibular dá dicas sobre universidades e profissões

TEMPO

Folha da Tarde

SAI NOVA LISTA COM 22.968 APOSENTADOS

França oferece US$ 700 mil ao Timão para levar Marcelo

Parreira vai mesmo ser o técnico do Brasil em 94

Empregada de confiança dava veneno à patroa

Durante cinco anos ela pôs até soda cáustica na comida da família

PC telefona e fala que está em Londres

Menores da praça da Sé atacam policial armado; PM prende 21 meninos

Prefeitura nega verba ao hospital fechado

Fleury pede fim da greve para negociar

Primeira página da *Folha da Tarde* de 21 de outubro de 1993, que varreu todo o noticiário nacional, com exceção da localização de PC Farias em Londres.

MÃOS AO ALTO

O brasileiro é assaltado de todas as formas, na rua, no carro, no ônibus e nas compras. No sábado, a *Folha da Tarde* revelou que os preços nos supermercados subiram 36,8% contra 35,5% da inflação medida pela Fipe. Assuntos como este, que mexem com o bolso dos leitores, são importantes para qualquer jornal.

CRISE MILIONÁRIA

A deterioração do Hospital Umberto Primo rendeu seguidas manchetes à *Folha da Tarde*. O ombudsman, em sua crítica diária, apontou a ausência da localização do hospital, mais conhecido como Matarazzo. A localização do hospital era obrigatória. Ela não fica em qualquer canto da periferia, mas numa das regiões mais valorizadas da cidade, a alameda Rio Claro, perto da avenida Paulista. Ninguém levantou a questão: quanto vale o terreno onde está instalado o hospital? A área pode ser vendida pelos atuais proprietários? A crise não pode ter interesses ocultos?

DÚVIDA

Não custa lembrar que jornalismo é o exercício da dúvida na busca da verdade, e não a consagração de afirmativas.

FALHAS

Conversei com alguns estudantes de Comunicação durante o Fórum Folha de Jornalismo e Mídia, realizado na semana passada em São Paulo, e fiquei impressionado com a falta de informações que demonstravam sobre o próprio mercado jornalístico. Alguns confessaram nem saber da existência da *Folha da Tarde*.

25/10/93

41. ERRAMOS, ERRAMOS E ERRAMOS

A *FT* continua expondo, todos os dias, um grande número de erros, apesar do empenho da Redação em diminuir a quantidade de incorreções. O jornal tem uma seção específica, uma espécie de confessionário dos erros, publicada sempre na segunda página do primeiro caderno, chamada Erramos. Alguns casos, no entanto, são tão graves que só o Erramos não basta. Erros de grafia e os atentados à gramática são graves, mas às vezes o leitor nem percebe. Quando o erro é de informação a coisa é diferente e, na minha opinião, merece correção à altura de sua importância. Existem pelo menos três tipos de erros.

Uma informação errada compromete o jornal, prejudica o leitor e ameaça a credibilidade das reportagens. Pode ser algo simples como indicar num quadro de serviços que as feiras livres funcionam na segunda-feira. As feiras nunca são montadas às segundas, para que os feirantes possam descansar. A dona de casa que confiou no jornal e saiu para as compras não vai encontrar as barracas. Sua justa indignação irá se voltar contra o jornal.

Levanto novamente esta questão depois de um telefonema do deputado federal Roberto Cardoso Alves, do PTB de São Paulo. Uma nota publicada na edição do dia 22 diz que ele fez parte da chamada "tropa de choque" do ex-presidente Fernando Collor de Melo. "Robertão", como é conhecido nos meios políticos, procurou o ombudsman e pediu uma correção, lembrando que, ao contrário do que diz a nota, ele foi articulador do *impeachment* de Collor, formando, ao lado de outros parlamentares, a primeira comissão que investigou as acusações de irregularidades imputadas ao ex-presidente.

A correção saiu no Erramos do dia 26. Tão escondido que o deputado não viu. Ele ligou de novo para o jornal e conseguiu descobrir a correção. Parlamentar experiente, "Robertão" não quis polemizar, agradeceu a correção e desligou. Acho que a *FT* ficou devendo uma resposta mais transparente e em tamanho maior, de preferência no mesmo canto onde foi publicada a notícia errada.

Identificar qualquer político com o esquema de sustentação de Collor pode comprometer a carreira do acusado, que depende das urnas. A responsabilidade do jornal é enorme. O jornalista Warren Hoge, do *New York Times*, que participou do Fórum Folha de Jornalismo e Mídia, realizado entre os dias 19 e 21 de outubro em São Paulo, disse que o perigo na cobertura de escândalos é a imprensa ter apetite demais e não cruzar duas ou três fontes de informação. "Quais os limites da imprensa na cobertura de corrupção?" Hoge deu uma resposta curta e precisa: "Os únicos limites são os da precisão".

O ESCANDÂLO E A CIDADE

O noticiário do superescândalo do Orçamento mexeu com os leitores e o número de telefonemas ao ombudsman cresceu no começo da semana, caindo um pouco na quinta-feira, possivelmente devido ao ponto facultativo do Dia do Funcionário Público. Treze ligações feitas ao ombudsman no decorrer da semana passada foram de críticas, elogios, sugestões e até uma manifestação de desconfiança.

O leitor desconfiado é Antônio Carlos dos Santos, que conversou com o ombudsman na segunda-feira. Ele queria se certificar de que não havia motivos políticos para o pouco espaço dedicado ao escândalo na primeira página da *FT*. Empenhada em marcar sua linha eleitoral que prioriza o noticiário da cidade, o jornal relutou um pouco até se convencer de que o escândalo influi, de uma forma ou outra, na vida de São Paulo e é um excelente prato para o jornal.

Os elogios foram de leitores satisfeitos com a facilidade de leitura e da escolha de bons assuntos para destacar no meio do enorme volume de material do escândalo. As críticas dividiram-se entre a questão ética e o excesso de erros gramaticais.

O DURO E O BONZINHO

O dia 11 de outubro, véspera do feriado religioso de Nossa Senhora de Aparecida, foi um dia normal para a maioria dos mortais. Os bancos abriram, o comércio funcionou normalmente, as repartições municipais deram expediente no horário de sempre. Só as repartições estaduais fecharam, graças ao ponto facultativo decretado pelo governador Luis Antônio Fleury Filho. Os jornais deixaram passar em branco.

Quinta-feira passada foi o Dia do Funcionalismo Público e o governador voltou a decretar o ponto facultativo. O prefeito Paulo Maluf não quis dar descanso para os seus servidores dizendo que o momento é de trabalhar, e não de descansar. Enquanto Fleury posa de bonzinho, Maluf tenta solidificar uma imagem de prefeito duro e exigente. A maioria dos jornais nem se importou em saber se as repartições municipais funcionaram ou não. Isso não é jornalismo.

1/11/93

42. SENSACIONALISMO DE FORA

A *Folha da Tarde* com certeza não é um jornal sensacionalista. A direção da Redação tem uma especial preocupação em relação a esse ponto. "Não precisamos recorrer a recursos como mulheres nuas ou a uma notícia policial qualquer", explicou o editor responsável Nilson Camargo a este ombudsman na segunda-feira passada, ao detalhar seu plano editorial. No sábado, porém, o jornal já deu uma escorregada.

Engana-se quem pensa que me refiro à foto de Carrie Ann Inaba, bailarina da equipe de Madonna, que fez topless em Ipanema, no Rio. O jornal publicou a foto da bailarina na primeira página sem com isso ofender o bom gosto ou desrespeitar o leitor. Meu comentário é dirigido a uma editoria discreta, a de Exterior.

Empenhado em tornar mais leve sua página, normalmente ocupada por assuntos pesados, o pessoal encarregado pelo noticiário internacional acabou recorrendo a um caso de cunho nitidamente sensacionalista, o de uma mulher de 47 anos que teria sido estuprada por um homem que conhecera num programa de namoro na TV. A edição ainda ressaltou uma observação preconceituosa, a de que a mulher era virgem, o que piorou o tom sensacionalista da reportagem.

A *Folha da Tarde* acabou fazendo sensacionalismo por vias indiretas. A *Associated Press*, agência que distribuiu a notícia, atribuiu-a a um jornal argentino chamado *Cronica*. A agência se limitou a relatar um caso publicado num jornal. Nem se sabe se a história aconteceu mesmo da maneira como foi contada pela publicação. Se no Brasil um caso como esse é de difícil confirmação, pois cada lado tem uma versão diferente, imagine na Argentina.

A editoria tinha outra notícia mais atraente para os brasileiros para destacar em sua página: um grupo paramilitar cubano de Miami anunciou que vai atacar e sequestrar exilados cubanos e turistas estrangeiros para atrapalhar ainda mais a vida de Fidel Castro, que já enfrenta um embargo dos EUA. É também uma preocupação a mais para os milhares de turistas brasileiros que transformaram Miami num paraíso de consumo.

FALTA DE IMAGINAÇÃO

Decidida a homenagear o público brasileiro, Madonna recorreu a uma solução pouco original: apareceu no palco com a camisa 10 da Seleção. Nem Frank Sinatra apelaria tanto. Vários jornais acharam "lindo". Rod Stewart fez a mesma coisa há muito tempo, com uma diferença. Ele sabe jogar bola.

COMPETÊNCIA

Muitos críticos elogiaram a "competência de Madonna", como se isso não fosse obrigação de qualquer profissional. É o mínimo que se exige em qualquer país, do primeiro ou terceiro mundo.

PALAVRÕES

Madonna soltou no Morumbi palavrões à vontade, em português, e a *Folha da Tarde* reproduziu alguns deles na edição de quinta-feira. Isso irritou muitos leitores, como Lya de Alencar, 36, que é assinante e considera a publicação dos palavrões um recurso sensacionalista.

ESCOLTA

O leitor Fernando Franco Gentile diz ter ficado escandalizado com o tratamento vip dado a Madonna nas ruas de São Paulo. O carro da cantora foi escoltado por 15 batedores motorizados da Polícia Militar e trafegou em alta velocidade, desrespeitando semáforos e normas elementares de tráfego. "Nem chefes de Estado recebem a honra de batedores para abrir o caminho", afirma o leitor, que viu tudo pela TV, porque os jornais nada deram a respeito.

SHOW

Os adolescentes que ficaram horas plantados na frente do hotel Caesar Park, na rua Augusta, deram um espetáculo à parte e conseguiram o que queriam: chamar a atenção da imprensa e das TVs. A exibição de seios e as demonstrações de *strip-tease* de travestis (um deles tinha apenas 13 anos) foram constrangedoras e deprimentes. Não é moralismo, e sim uma questão de bom gosto e de bom-senso.

E A MÚSICA?

Os jornais falaram de tudo de Madonna: o vibrador sobre a cama, o cabo do chicotinho entre as pernas, as simulações de atos sexuais, a loucura das tietes, a coreografia frenética, os beijos entre bailarinos (e entre bailarinas). De vez em quando alguém lembrava que Madonna também canta.

8/11/93

43. CREDIBILIDADE ARRANHADA

Os principais jornais brasileiros mergulharam fundo no mar de lama do Orçamento e trouxeram à tona a podridão que muitos figurões da política tentavam esconder. Na ânsia de descobrir novos furos, alguns jornalistas atropelaram regras éticas e podem ter envolvido pessoas inocentes em acusações de corrupção. Apesar de crítica e agressiva, a imprensa tem também seus momentos de ingenuidade.

Não é só no noticiário político. A *Folha da Tarde*, um jornal dedicado à cidade, publicou na edição de sábado uma reportagem sobre "brechós eletrônicos", lojas especializadas em mercadorias usadas. O texto afirma que televisores e equipamentos de som de segunda mão são alternativas para quem não possui recursos financeiros para comprar um aparelho novo.

O jornalista assume informações duvidosas como a possibilidade de economizar até 60% na compra de um televisor usado. Em seguida, faz uma comparação para provar esse número. Um televisor Sharp novo, de 20 polegadas, estaria custando de CR$ 62 mil a CR$ 69 mil em magazines e poderia ser encontrado de CR$ 24 mil a CR$ 35 mil nos "brechós". A reportagem termina com uma observação inaceitável para um jornal que se propõe a praticar um jornalismo sério: "Não era exatamente o mesmo modelo, mas um similar usado".

Com esse tipo de notícia o jornal faz o jogo do lojista, interessado em passar seus produtos para frente. O comerciante não faz milagres. Os aparelhos usados podem custar menos, mas são mais sujeitos a defeitos e, dependendo do ano de fabricação, não incorporam recursos tecnológicos dos novos modelos. Além disso, um mesmo fabricante coloca nas lojas aparelhos com características e preços diferentes. Alguns têm controle remoto, outros não. Os modelos antigos não possuem, por exemplo, o UHF, o que impede a sintonia de emissoras como a MTV e a TV Jovem Pan.

O leitor certamente vai perceber essa falha de informação. Num jornal moderno, os dados devem ser exatos. Comparações como a publicada pela *Folha da Tarde* não ajudam em nada o leitor. Quando ele for à loja, atraído pela possibilidade de comprar um aparelho de TV 60% mais barato, vai ver que não é bem assim. E o jornal perde pontos em sua credibilidade.

PELO TELEFONE

Quando a televisão chegou ao Brasil, em 1950, os pessimistas previam o breve fim da imprensa. Os jornais impressos, na época ainda produzidos "a quente", com chumbo derretido, não resistiriam à agilidade da televisão. A imprensa não acabou, modernizou-se e hoje usa recursos de telecomunicações para suprir algumas deficiências.

Na quinta-feira passada, a *Folha da Tarde* recorreu a um meio de comunicação não impresso para levar ao leitor uma informação que não poderia imprimir devido ao horário, o jogo São Paulo x Nacional de Medelín (Colômbia), marcado para as 23h30, com final previsto para a 1h30 da madrugada. Um horário impraticável para qualquer jornal.

A "Folha Informações – Esportes" encarregou-se de informar o leitor por telefone. O jornal deu não só o resultado, como também um rápido comentário de um redator especializado e dados complementares, como a situação do torneio (a Supercopa) e o próximo jogo.

O sistema, totalmente informatizado, parece ter satisfeito o leitor. O ombudsman não recebeu uma só queixa de leitor pela não publicação do resultado do jogo. O ombudsman testou também o sistema e fez quatro ligações, em horários diferentes. Pela manhã foi atendido depois de dois sinais de ocupado. Nas demais vezes o atendimento foi imediato. Foram atendidas 1.203 ligações, segundo a *Folha da Tarde*.

A aliança da imprensa com sistemas de telefonia é comum em países como o Canadá, onde o *The Toronto Star* opera um setor exclusivo de atendimento telefônico (*StarPhone System*).

Criado há dois anos, o serviço atende um milhão de chamadas por ano, explicou Ken MacGray, diretor do StarPhone, que esteve em São Paulo no mês passado participando do Fórum Folha de Jornalismo e Mídia.

LEITURA CRÍTICA

A advogada Márcia Martins, residente em São Bernardo do Campo, é uma leitora atenta. Na sexta-feira fez uma série de observações sobre várias edições da *Folha da Tarde*. Algumas delas:

- A reportagem sobre dólares falsos repete três vezes os cuidados que se deve observar para identificar uma nota verdadeira. Inclusive na primeira página;
- A festa do "bota fora" da Faculdade de Direito do Largo de São Francisco é antiga, tem todos os anos. Parece "encheção de linguiça";
- Telefone com cartão: o jornal dá informação incompleta. Quanto vai custar o cartão? Onde vão ser instalados mais telefones a cartão?

15/11/93

44. FALTA DE MEMÓRIA

A Guarda Civil Metropolitana, com seus pouco mais de 3.500 integrantes, não vai resolver o problema da criminalidade e da violência em São Paulo, mas pode transmitir a ilusão de segurança à população assustada e traumatizada com assaltos, mortes e a impunidade dos criminosos. A corporação nasceu de uma promessa de campanha de Jânio Quadros à prefeitura e continua sendo manipulada politicamente.

Agora é a tentativa de criação de uma espécie de Rota municipal, que faria policiamento ostensivo na periferia. Com isso entra na área da Polícia Militar a quem cabe, constitucionalmente, a função de policiar a cidade. A *Folha da Tarde* levantou a questão na edição de quinta-feira passada.

O jornal destaca uma contradição entre as declarações do prefeito e do comandante da Guarda, coronel Luís Gonzaga de Oliveira. Maluf não esconde sua intenção de mandar a guarda para os bairros e o comandante, mais comedido, garante que nada será feito à margem da Constituição e que a Romu (Ronda Municipal) não fará policiamento ostensivo.

A formação e a ação de policiais exigem rigor, disciplina e controle da tropa. Mesmo assim, a PM vive se envolvendo em casos de arbitrariedades. O massacre de 111 presos no pavilhão 9 da Casa de Detenção é um exemplo recente.

A reportagem da *Folha da Tarde* da última quinta-feira falha pela falta de memória. Numa de suas primeiras missões, em 30 de março de 1987, a Guarda Metropolitana deu um show de violência. Convocada para expulsar os invasores de um terreno da zona Leste, sacou suas armas e entrou em conflito com os sem-terra. Um pedreiro pai de quatro filhos levou um tiro e morreu.

A desastrada operação mostrou o perigo de se lançar guardas sem preparo suficiente em ações que exigem bom-senso e cabeça fria. As fotos dizem tudo. Pena que elas não tenham sido aproveitadas na reportagem da semana passada. O Brasil é um país sem memória. Isso, no entanto, não justifica que o jornal também perca a memória.

TRAGÉDIAS

No tradicional balanço de acidentes dos feriadões a *Folha da Tarde* afirmou, na quarta-feira, que o número de mortes nas estradas – 52 – não foi maior porque, ao contrário de outros fins de semana prolongados, não houve acidentes trágicos envolvendo ônibus e caminhões. Foi questão de horas: na quarta-feira um ônibus caiu numa ribanceira da rodovia dos Tamoios e matou 16 passageiros. Na Anchieta-Imigrantes bateram três ônibus, um caminhão e quatro carros e três pessoas morreram.

PÉROLA

A leitora Márcia Martinho chama a atenção do ombudsman para um texto de Exterior publicado no dia 12 passado: "Exames feitos através de 'impressão digital genética' acharam sangue de James Bulge nos sapatos de um dos garotos de 11 anos acusados de matar uma criança de dois anos. "Inventaram um exame genético com dedos?", perguntou a leitora. O redator provavelmente confundiu com o teste de DNA, que é uma espécie de impressão digital genética.

LISTÃO

Três leitoras reclamaram da fusão dos cadernos de Esportes e Plural nas edições de quarta e sexta-feira. "Plural sem cor não dá", afirmou Rosa de Franco Bittencourt. A mudança foi devido a problemas técnicos provocados pela publicação dos listões com os nomes de novos aposentados. Podem ficar tranquilas, a mudança não é definitiva.

22/11/93

45. POLÍTICA SEM DENUNCISMO

O Brasil está envolvido por um clima de descrédito geral. Os políticos, o governo e a imprensa são frequentemente apontados como responsáveis pela situação. E aumentam as vozes de gente saudosa com os anos do regime militar. O ombudsman tem recebido telefonemas, mas de leitores que dizem não ler mais o noticiário político. "É para não vomitar", afirmou André Festino Taveira, da Freguesia do Ó. "Na mão de políticos o Brasil não tem mais jeito", reclama Maria de Lurdes de Souza, do Jabaquara.

É uma situação contraditória, pois no Brasil se pratica política aberta e transparente, capaz de afastar um presidente da República sem ameaça às instituições e sem tanques nas ruas. Os jornais, se não fazem o melhor jornalismo do mundo, estão atentos e hoje são indispensáveis para qualquer pessoa que pretenda acompanhar a evolução política do país.

A imprensa tem feito com dignidade seu papel de cobrir os acontecimentos. Às vezes algum jornal é levado a erro, não raras as vezes por culpa da fonte. Outras vezes é o excesso de entusiasmo de alguns parlamentares, como aconteceu no episódio da apreensão de anotações e documentos de um diretor da Odebrecht, uma das maiores empreiteiras do país.

Essa papelada, segundo membros da CPI, mostraria a existência de um poder paralelo, formado por um cartel de empreiteiras e capaz de decidir os rumos das concorrências de obras públicas. A revelação causou impacto, pois implicaria mais de cem parlamentares que fariam parte do esquema.

Os jornais se apressaram em criar um nome para o esquema: "Conglomerado da corrupção" (*Folha da Tarde*); "Poder paralelo" (*Folha de S.Paulo*); "Sindicato da corrupção" (*O Estado de S. Paulo*), "Sociedade secreta da corrupção" (*Jornal da Tarde*) e "Corruptograma" (*Diário Popular*).

Um exame mais detalhado dos papéis mostrou que havia mesmo exagero dos parlamentares que divulgaram os documentos. E a culpa não foi da imprensa. Na edição em que noticiou a existência do poder paralelo, a *Folha de S.Paulo* dizia em editorial, referindo-se ao caso: "... O denuncismo e o açodamento têm de ser evitados a todo custo. Há muita gente interessada em tumultuar o processo de apuração dos fatos, lançando toda espécie de acusação infundada para confundir corruptos com honestos".

O importante é que todo o processo está sendo feito com respeito à legislação e à Constituição. A apreensão dos documentos na casa de um diretor da Odebrecht foi autorizada pela Justiça, assim como as prisões e os depoimentos.

Vale lembrar que, nos anos do regime militar, essas coisas eram resolvidas da maneira mais fácil e prática com a simples prisão dos acusados.

PRISÃO DE PC

Os jornais e a TV deram uma demonstração de agilidade na cobertura da prisão de Paulo César Farias na Tailândia. A viagem de volta foi acompanhada pela *Folha da Tarde* e *Folha de S.Paulo*, que apresentou um belo material no sábado.

EXAGERO

O esquema montado para receber PC Farias em Brasília foi marcado pelo exagero. Havia até uma tropa de choque, atiradores de elite no alto dos prédios e centenas de policiais. A chegada a São Paulo foi um pouco mais discreta, e o exagero ficou por conta da Rede Globo, que acompanhou a chegada do avião de um helicóptero. Como não podia se aproximar da pista, o máximo que mostrou foi a imagem da aterrissagem do jato.

ROLEX

Garotos roubaram o Rolex de ouro de um fazendeiro. O valor do relógio variava de jornal para jornal. Ia de US$ 3 mil a US$ 25 mil.

6/12/93

46. OS LIMITES DO JORNALISMO

Dois flagrantes de extorsão, um gravado pela Rede Globo e outro fotografado pela *Folha da Tarde*, reacenderam, na semana passada, a polêmica em torno dos limites da função jornalística. Até onde um repórter pode avançar sem risco de arranhar a ética e a dignidade profissional?

A Rede Globo filmou e gravou, com o uso de câmeras ocultas e um microfone sem fio, todos os lances da extorsão praticada por dois arquitetos e uma engenheira da prefeitura contra o proprietário de um restaurante em Moema. No momento em que eles recebiam o dinheiro, um delegado sentado numa mesa próxima prendeu os três servidores corruptos. As imagens foram ao ar na terça-feira.

O outro caso de extorsão foi documentado pela *Folha da Tarde* e publicado na edição de sexta-feira. O jornal baseou-se numa denúncia, feita por um menor à seção paulista da Ordem dos Advogados do Brasil, de que policiais militares obrigavam garotos de rua a roubar toca-fitas de carro.

No começo da noite do dia 25 de novembro a reportagem presenciou e fotografou um garoto de rua entregando um embrulho, que segundo o menor era um toca-fitas, a um policial militar numa rua dos Jardins. No mesmo dia da publicação o soldado foi identificado como Marcelo Pereira, há seis anos na PM.

Os dois casos terminaram com a prisão dos envolvidos e, de uma forma ou de outra, com a participação de jornalistas. Há, porém, uma diferença entre os dois fatos. A Rede Globo participou diretamente da montagem da armadilha para os fiscais. Segundo relato do *Diário Popular*, o dono do restaurante é amigo de um repórter da emissora de TV, que cedeu e instalou três câmeras apontadas para a mesa em que os fiscais recebiam o dinheiro que exigiram para não fechar a casa.

Cabia à polícia fazer isso. A Rede Globo ultrapassou o sinal e transformou o fato num show. O repórter deve ser a testemunha e não personagem de qualquer acontecimento. Quando se invertem ou se misturam os papéis o jornal assume compromissos e perde a independência e o distanciamento crítico obrigatório para a prática do bom jornalismo.

A reportagem da *Folha da Tarde* acompanhou o garoto de rua, mas não participou da ação e nem orientou o garoto. Foi testemunha do fato e como testemunha depôs na Corregedoria da PM. Se o jornal falhou, não foi na cobertura, mas no mau aproveitamento do assunto na primeira página. Poderia ser a manchete do dia, afinal, tinha nas mãos um material exclusivo e explosivo. O editor responsável da *Folha da Tarde,* Nilson Camargo, reconhece que a reportagem foi mal avaliada e merecia muito mais que uma simples chamada.

Camargo defende, no entanto, a manchete do dia, sobre outra questão explosiva, o aumento de até 484% nos aluguéis. No dia seguinte o jornal levou o caso do garoto de rua para o alto da primeira página.

É DEMAIS

O leitor Luís Maria Limonge propõe ao jornal fazer uma campanha contra as passeatas, carreatas e manifestações na av. Paulista. Na sexta-feira ele ficou duas horas preso no congestionamento provocado por uma passeata da Legião da Boa Vontade contra as drogas. O leitor, irritado, diz estar espantado com a passividade dos meios de comunicação, que aceitam como se fosse normal o bloqueio da principal avenida da cidade, onde estão instalados vários hospitais e maternidades. "O doente que estiver num carro vai acabar morrendo antes de chegar ao hospital", comenta Limongi.

POLUIÇÃO SONORA

Outra sugestão de campanha foi feita por Hélio Oliveira da Silva. Ele diz que não aguenta mais os programas de partidos políticos na TV. O leitor acha que não basta simplesmente desligar a TV.

"É preciso mostrar que, indiretamente, é com o nosso dinheiro que os políticos produzem esses programas." Na opinião do Oliveira da Silva, os programas políticos só contêm imbecilidades.

FRASE DA SEMANA

"Nem Jesus Cristo foi mais honesto do que eu"

Prefeito Paulo Maluf, em Recife, citado na *Folha da Tarde* de sábado

13/12/93

47. AS MANCHETES FALAM

Fim de ano é sempre a mesma coisa. Os jornalistas são tentados a preparar belos balanços do ano, escolher os melhores e piores, os acontecimentos mais importantes, os fatos de maior repercussão. Este ombudsman havia prometido a si mesmo que não cairia nessa tentação. Como não houve testemunhas dessa promessa, esta última coluna do ano vai ser um balanço do ombudsman em 1993.

Não é um balanço qualquer e vou poupar o leitor das montanhas de números comuns nesses levantamentos. Repassei as manchetes da *Folha da Tarde* deste ano e escolhi algumas que se destacaram por uma série de motivos, por acertos ou erros. Vale ressaltar que a manchete é a notícia mais importante do dia.

O critério de importância varia de jornal para jornal. Para a *Folha da Tarde*, mais voltada para a cidade de São Paulo, onde está seu maior público, o importante é o buraco da av. Juscelino Kubitscheck, as fugas da Casa de Detenção e a explosão de preços nos supermercados.

A política nacional é eclipsada pela política local, mas em ocasiões especiais ela também tem vez. Em 92, por exemplo, Paulo César Farias, o caixa de campanha de Fernando Collor à Presidência, circulava impunemente e desafiava a Justiça. "Não vão me pegar, diz PC" foi a manchete do dia 13 de junho de 1992. Sua arrogância acabou longe, na Tailândia, onde foi preso.

MÁFIA DA DETENÇÃO VENDE FUGA EM DÓLAR (30/1/93)

A *Folha da Tarde* revelou com exclusividade como se negocia a liberdade por trás dos muros da prisão. Um dos detentos que se aproveitou do negócio foi Abidiel Rabelo, que escapuliu em julho e foi morar com nome falso em Campo Grande, no Mato

Grosso do Sul. Recapturado no último dia 13, confessou ter pago R$ 15 mil pela liberdade. Isso valeu nova manchete sobre o assunto no dia 15, "Máfia da Detenção vende fuga por US$ 15 mil para traficante".

ACABOU O IPMF (16/9/93)

A alegria durou pouco. A liminar que suspendeu a cobrança do imposto do cheque, como é mais conhecido o IPMF (Imposto Provisório sobre Movimentação Financeira), caiu no dia 15 passado. A cobrança recomeça no dia 1° de janeiro. "Volta o imposto do cheque", foi a manchete, um tanto constrangedora, da *Folha da Tarde* do dia 16.

SANTOS SE CLASSIFICA E TRICOLOR JÁ É VICE (8/11/93)

Não adiantou nada. O Palmeiras acabou conquistando o título de campeão brasileiro e ganhou uma inusitada manchete verde – "Palmeiras é tri" – na edição do dia 20 último.

VEM AÍ O MINISTRO DO REMÉDIO (3/6/93)

Também não adiantou nada. Os laboratórios mostraram que quem manda são eles e não o presidente da República. Os medicamentos subiram bem acima da inflação. A questão dos remédios caros demais era uma das prioridades do governo Itamar. Imagine se não fosse.

PREÇOS EXPLODEM NO SUPERMERCADO (16/12/93)

IMPOSTO DO CHEQUE FAZ SUBIR PREÇO DA COMIDA (12/2/93)

ITAMAR APERTA TUBARÕES PARA BRECAR PREÇOS (17/7/93)

DEZEMBRO COMEÇA E OS PREÇOS JÁ EXPLODEM (1/12/93)

E a operação paulada? Deve ter batido na cabeça dos consumidores.

63% PÕEM FÉ EM MALUF (1/1/93)

SEIS MESES DEPOIS, MALUF AFUNDA NO RUIM E NO PÉSSIMO (1/7/93)
Falem mal, mas falem de mim.

PM JOGA BOMBA NOS PROFESSORES (27/8/93)
E nos bandidos, não vai nada?

PREFEITURA QUER PÔR COMIDA DE SEGUNDA NA MERENDA (24/8/93)
À primeira vista o leitor ficava em dúvida. Era uma manchete positiva ou negativa? Imaginava-se que a comida era de terceira.

METADE DA CIDADE VAI FICAR SEM ÁGUA (3/9/93)
Piada que correu no dia (antes do escândalo do Orçamento): estavam lavando os dólares.

LEÃO DO IR QUER AUMENTAR A MORDIDA NA CLASSE MÉDIA (30/9/93)
Quantas vezes o leitor já viu esse filme?

CAIXA CONFIRMA QUE LOTERIA LAVA DINHEIRO DA CORRUPÇÃO (26/10/93)
O dinheiro do contribuinte já vem lavado. E desbotado.

27/12/93

48. SEM PRECONCEITO

A manchete de terça-feira da *Folha da Tarde*, "Ladrões matam empresário e filho em bairro nobre de São Paulo", tem tom preconceituoso. A observação foi feita por este ombudsman no boletim interno que circula todos os dias pela Redação. Qual a razão para destacar o "bairro nobre"? Se o empresário tivesse sido assassinado num bairro menos nobre o tratamento seria outro?

A direção da Redação contestou o comentário e negou qualquer preconceito na formulação da manchete. Segundo Nilson Camargo, editor responsável da *Folha da Tarde*, o critério foi puramente numérico. Assaltos e atos de violência fazem parte do dia a dia da periferia, assim como dos morros do Rio de Janeiro. Assaltos em prédios de apartamentos de bairros como Itaim, Higienópolis e Moema estão aumentando, mas ainda são em menor número quando comparados com bairros mais afastados.

A questão é relevante quando se considera que São Paulo tem lado a lado uma porção Biafra e outra porção – aliás bem menor – Suíça. A Suíça paulistana, na qual se inclui o Itaim, onde ocorreu o crime, há muito tempo perdeu a tranquilidade – e morar num bairro nobre e circular pelas ruas dos Jardins dirigindo carros importados atrai os assaltantes.

Mesmo que o autor da manchete não tenha tido qualquer intuito preconceituoso, a simples menção de "bairro nobre" dá um tom segregacionista ao enunciado. A violência está se espalhando por toda a cidade e cada vez mais os prédios se assemelham a bunkers para proteger seus moradores. Um artigo publicado num número recente de uma revista de circulação nacional mostrava que o "apartheid, que está acabando na África do Sul, implanta-se aos poucos no Brasil. As crianças de classe média ou se trancam em casa ou se afastam de outras crianças malvestidas com medo de assalto".

Acho que o caso do empresário se destacou não tanto por ter ocorrido num bairro nobre, mas pelas circunstâncias e pela frieza dos assassinos. Se tivesse acontecido, por exemplo, no Tatuapé, teria o mesmo impacto.

ESPANTO 1

Um jornalista japonês que morou dois anos no Brasil diz que, apesar de ser um homem de comunicações, tem muita dificuldade em explicar o Brasil para os japoneses. Eles raciocinam com lógica e o Brasil é um país sem lógica. Se a inflação chegar à metade do índice de 2.576% no Japão, já teria ministro fazendo "harakiri" (suicídio ritual), e não soltando fogos, como no Brasil. Ele ficou impressionado com o foguetório por qualquer coisa e mais ainda com a festa de fogos na passagem do ano.

ESPANTO 2

O jornalista do Japão escreveu, na passagem de ano, que no Brasil o ano velho merece uma festa por estar acabando e porque nenhum outro vai ser tão ruim. E o ano novo é comemorado porque vai deixar o país com saudades do ano velho.

FOME

Num país descrente a repercussão da campanha contra a fome de Betinho é notável. A imprensa e os meios de comunicação em geral também se juntaram de várias formas à campanha. Foi uma prova de que falta credibilidade ao país. Quando surge um líder em quem o povo confia, o país se movimenta.

ANO-NOVO

O leitor Gustavo André de Aquino propõe ao jornal aproveitar o ano novo para fazer uma lista de resoluções:

- Reduzir os erros do jornal;
- Fazer campanhas como as que marcaram a *Folha da Tarde* há alguns anos, contra a mordomia dos deputados, contra a violência e contra o excesso de impostos;

• Incentivar CPIs como a do Orçamento e mostrar a verdadeira face da maioria dos políticos brasileiros.

3/1/94

49. CRIME POLÍTICO

Logo após a confirmação da morte de Oswaldo Cruz Júnior, presidente do Sindicato dos Condutores Rodoviários do ABCD, as lideranças sindicais ligadas ao PT e à CUT se apressaram em desmentir qualquer tipo de motivação política no crime. A preocupação dos sindicalistas era justificável. Oswaldão, como era mais conhecido Cruz Júnior, vinha denunciando, desde novembro, o uso de recursos do sindicato em campanhas políticas, o que é vedado pela legislação eleitoral.

O secretário-geral do sindicato, Cícero Bezerra da Silva, que liderava a facção contrária a Oswaldão, contou que Zezé (José Benedito de Souza, autor do crime) não sabe nem o que é o PT ou a CUT. "Quem vincular o PT ao assassinato de Oswaldão terá de responder pela calúnia na Justiça", afirmou o vice-presidente nacional do partido, deputado estadual Rui Falcão.

A *Folha da Tarde* e a *Folha de S.Paulo* publicaram a reportagem do caso nas páginas do noticiário político. "Morto o sindicalista que denunciou o PT" foi a manchete deste jornal na sexta-feira. O leitor Joaquim Machado procurou o ombudsman para se queixar do que classificou de "direcionamento do noticiário contra o PT". Na opinião de Joaquim, o assassinato nada tem a ver com as denúncias que Oswaldão vinha fazendo. "O jornal está fazendo sensacionalismo", afirmou.

Sou defensor dos leitores, e não do jornal, mas neste caso acho que a *Folha da Tarde* não tem culpa. Em nenhum momento, na manchete ou no texto interno, o jornal disse que o crime foi político. Ao lembrar que Oswaldão vinha denunciando o PT, o jornal nada mais fez que enriquecer a manchete com uma informação relevante, destinada a situar melhor o leitor.

O Estado de S. Paulo, que seguramente não morre de amores

pelo PT, parecia ter concordado com as argumentações dos sindicalistas e jogou o caso para o caderno Cidades, onde costuma publicar o noticiário policial comum. A reportagem ocupou meia página, contra uma página da *Folha da Tarde*, que é um jornal compacto, e quase duas da *Folha de S.Paulo*. Na primeira página, *O Estado* reservou para o caso uma chamada comum, de apenas uma coluna, sem fotos.

O acerto da decisão da *Folha da Tarde* e da *Folha de S.Paulo* de considerar o caso de importância política ficou evidente no dia seguinte, sábado, quando *O Estado* transferiu o noticiário da página policial para duas páginas de Política. O enterro do sindicalista ocupou também uma área nobre da primeira página, com uma foto grande do caixão na frente da sede do sindicato que Oswaldão presidia. O *Jornal da Tarde*, que no dia anterior havia dado uma minúscula chamada na primeira página, levou o crime para a manchete do jornal de sábado.

Mesmo que se comprove a inexistência de motivação política no assassinato de Oswaldão, não há dúvidas quanto à repercussão e à exploração política do episódio. O presidente da Força Sindical, Luiz Antônio de Medeiros, levantou a possibilidade de uma "queima de arquivo", segundo a *Folha de S.Paulo*. Na análise de Medeiros, "a CUT e o PT teriam interesse na morte do sindicalista".

O prefeito Paulo Maluf, que vem abrindo caminho para o Planalto, pegou carona nas declarações de Medeiros e afirmou que "a suspeita recai sobre a intolerância do PT, que armou o braço do assassino". Por aí se vê que, de um jeito ou outro, o crime pode abrir um rombo na máquina petista montada para movimentar a candidatura de Lula à Presidência. O tamanho do rombo só o tempo vai mostrar.

TUDO AZUL

Manchete do *Diário Popular* de quinta-feira: "Fleury promete bons aumentos para os servidores estaduais". Podem esperar outra greve de professores de quatro meses.

DÁ PRA RESOLVER

As empresas públicas como a Sabesp, a Eletropaulo e a Telesp são modelos de eficiência, a julgar pela seção de reclamações da cidade da *Folha da Tarde*. A maior parte das reclamações, quando publicadas, já estão resolvidas. Isso, ao que parece, devido à demora nas respostas das empresas. Uma carta publicada no dia 5 passado referia-se a um problema ocorrido há sete meses, um vazamento de esgoto em Campo Limpo. Na resposta, a Sabesp diz que o problema já foi resolvido.

DOS 6 AOS 60

Recebo muitos telefonemas de adolescentes que leem a *Folha da Tarde* dos pais. Geralmente meninas, elas pedem coisas simples, como uma reportagem com um grupo de *rock* e traduções de letras de músicas. O melhor de tudo é que essas jovens dizem gostar muito do jornal. O pai lê as notícias sobre aposentadoria, a mãe as fofocas da TV e as crianças os artigos sobre música.

TUDO POR UMA GALINHADA

O hit gastronômico do momento é um restaurante de apenas três mesas instalado numa favela do Canindé. O prato que atrai até empresários à favela é uma galinhada com feijão tropeiro. O restaurante foi tema de reportagens na *Folha da Tarde* e no *O Estado de S. Paulo*. Os jornais não se arriscaram a colocar a galinhada no roteiro de comida.

NÃO É NEM ASSIM

Chamada sem texto da *Folha da Tarde* de quinta-feira: "Aposentados têm reajuste de 78,28%". Nem todos vão receber esse aumento. Quem foi conferir no noticiário interno ficou sabendo que o reajuste vai de 37,3% a 75,2%.

ESPANTALHO

O boneco com o uniforme dos marronzinhos que a prefeitura colocou numa cabine da Marginal fez sucesso. A foto saiu na capa de todos os jornais. Mas ficou pouco tempo, pois quase provoca acidentes pela curiosidade dos motoristas.

10/1/94

50. ENTRE *TEENS* E APOSENTADOS

A *Folha da Tarde* não tem a linguagem irrequieta dos *teens* e muito menos a sisudez de um jornal voltado para o público de faixa etária muitas vezes maior. Não é feito nem para os jovens e nem para os velhos. Entre um e outro, optou pelos dois e corteja leitores de gostos e preferências contrastantes. Essa ambiguidade reflete-se nos telefonemas que este ombudsman recebe diariamente.

Os adolescentes acham que tem política demais no jornal e reivindicam maior cobertura para as bandas de *rock*. Quando explico que o noticiário político da *Folha da Tarde* já é compactado, os jovens leitores, que costumam ler o exemplar dos pais, sugerem cortar as reportagens de televisão, com exceção dos concertos de rock.

Os leitores de mais idade não se conformam com o "espaço perdido" com as reportagens que o jornal publicou sobre os shows de Madonna e Michael Jackson. Se dependesse deles a televisão mereceria mais páginas e a música se restringiria à MPB e, por que não, à música sertaneja.

A capa da edição de quinta-feira passada, dia 13, é um retrato dessa indefinição editorial. Chama o público adolescente com a distribuição de ingresso para o Hollywood Rock e ao mesmo tempo atrai os leitores que estão encerrando a sua vida profissional publicando a lista completa de 43.747 novas aposentadorias liberadas pelo INSS.

Na manchete, o jornal acompanha a indignação geral da população revelando que o trivial arroz e feijão com bife está custando 52% mais. Nas chamadas para o noticiário esportivo os jovens voltam a ganhar espaço. Um brasileiro venceu pela primeira vez um campeonato de *bodyboard* no Havaí.

Um bom jornal destaca-se exatamente pela variedade de assuntos, mas deve definir bem sua personalidade editorial, sua linguagem e seu público-alvo, sob o risco de se tornar uma publicação híbrida.

Quando assumiu a condução da *Folha da Tarde*, em outubro do ano passado, o editor Nilson Camargo ensaiou algumas mudanças que abriam a perspectiva de uma renovação no jornal. Mas o sopro renovador foi muito fraco e não se completou. Camargo não concorda e assegura que a *Folha da Tarde* segue uma linha editorial coerente com seu público, que é formado por leitores de várias faixas etárias.

É o caso do pai que compra o jornal para ler as reportagens econômicas e depois leva o exemplar para casa, onde a mulher, que acompanha o vaivém da televisão, divide o caderno Plural com os filhos interessados no Hollywood Rock.

A direção do jornal revela que estuda novas modificações porque ninguém deve parar no tempo e a *Folha da Tarde* procura acompanhar a evolução da sociedade e do mundo. Haverá surpresas e muitas novidades, diz Camargo, sem prejuízo da linha que o jornal se propôs a seguir em junho de 1992, na última grande reforma editorial. Um jornal dinâmico, com a cara da cidade. Vamos cobrar.

DÁ PRA ACREDITAR?

Começa a ser fabricado no Brasil o jipe JPX, da Auverland. O motor é da Peugeot-Citroën, importado, o câmbio vem da França e os eixos da Itália. O índice de nacionalização é de 90% (do caderno de Automóveis do *Diário Popular*).

BIRD COM MEDO DO BRASIL

Larry Bird, ex-estrela do basquete americano, veio a convite da Converse para participar da Couromoda, no Anhembi, e confessou que relutou em viajar porque pensava "que o país era dominado por violência, sequestro e chacinas". Aliviado, prometeu voltar com o filho. Bird chegou às 10h30 de quarta-feira, passou o dia no Anhembi e voltou à noite para os EUA. (Da reportagem "Bird volta aos EUA sem medo do Brasil", na *Folha da Tarde* do último dia 13).

CONTRA O AUMENTO DE PREÇOS

"Ministro vai atacar aumentos abusivos". O ministro da Fazenda, Fernando Henrique Cardoso, prometeu um "bombardeio" contra os setores oligopolizados. (Nas páginas de Economia da *Folha da Tarde* do dia 13).

GUERRA SINDICAL

Mais quatro leitores procuraram o ombudsman para acusar o jornal de "exploração política" no caso do assassinato do presidente do Sindicato dos Condutores Rodoviários do ABCD, Oswaldo Cruz Júnior. O jornal não fez e sim noticiou a exploração política. Se a *Folha da Tarde* não tivesse publicado as acusações de "queima de arquivo", feitas pelo sindicalista Luiz Antônio de Medeiros, estaria sendo omissa. Vale lembrar que na edição de terça-feira o jornal publicou uma entrevista com Luiz Inácio Lula da Silva em que ele nega qualquer ligação entre o assassinato e as denúncias que Oswaldão vinha fazendo contra a CUT.

17/1/94

51. BOA E MÁ NOTÍCIAS

A *Folha da Tarde* é um jornal de contrastes. Cerca-se de todos os cuidados – éticos, editoriais e vernaculares – em alguns textos e dá escorregadas feias em outros. O ombudsman, que analisa o jornal do dia, tem chamado a atenção para alguns exageros que em nada contribuem para elevar o nível de qualidade do jornal. Um exemplo está na edição do dia 15. O leitor já deve ter sido abordado por um amigo que tem "uma notícia boa e outra má". Primeiro a má notícia: "Prestações da casa própria vão subir até 2.607,7%", dizia a chamada da capa. Assustado, o leitor abre o jornal e recebe a boa notícia: existe apenas um mutuário que vai pagar o aumento de 2.607,7%, e, certamente, não era ele.

Noticiar pelo máximo era quase uma regra dos jornais de antigamente. Se havia dúvidas sobre o número de mortos num acidente de avião, os jornais se baseavam no maior. Essa prática adquiriu uma conotação sensacionalista, pois o leitor hoje tem uma série de fontes de informação e sabe avaliar as notícias. No caso do aumento das prestações do Sistema Financeiro da Habitação, o jornal não deixou claro que o índice máximo valia só para os contratos anuais e que só um brasileiro se enquadra nessa situação.

Já no noticiário do assinante de Oswaldo Cruz Júnior, o Oswaldão, presidente do Sindicato dos Rodoviários do ABCD, a *Folha da Tarde* se excedeu nos cuidados. O caso, que se presta à exploração política, é realmente delicado e exigia uma abordagem menos agressiva. José Benedito de Souza, o Zezé, autor confesso do crime, testemunhado por pelo menos duas pessoas, sempre foi identificado como "acusado" da morte do sindicalista.

O *Novo Manual da Redação*, que orienta os jornalistas da *Folha da Tarde*, determina o tópico "acusação criminal": acusados ou suspeitos de um crime só podem ser definidos como criminosos depois da sentença judicial definitiva. Essa norma, no entanto, não vale para flagrante delito ou confissão espontânea.

Na edição do dia 21 o jornal publicou uma entrevista de Zezé em que ele conta detalhes do crime e alega ter matado em legítima defesa. Foi uma confissão espontânea, que tirou as dúvidas – se é que havia – sobre quem matou Oswaldão. Na manchete do dia a *Folha da Tarde* continuou a qualificar Zezé de "acusado". Ponderei no boletim interno que Zezé deveria ser identificado como o matador de Oswaldão, o que contribuiria para o leitor se situar melhor na notícia.

Para fixar sua personalidade editorial, a *Folha da Tarde*, um jornal da cidade de São Paulo, vem dando atenção maior para o noticiário local. Correto, o ombudsman cobrou isso na coluna de segunda-feira passada. Mas, a meu ver, dois assuntos obrigatórios foram mal aproveitados na primeira página: o terremoto de Los Angeles e a divulgação do relatório da CPI do Orçamento, que propõe a cassação de 18 parlamentares. São as chamadas "notícias históricas", que devem ser destacadas por qualquer jornal, seja da cidade ou não. A tragédia americana, que indiretamente envolve os brasileiros, pois afinal a Copa do Mundo será em Los Angeles, comoveu a população. E a CPI do Orçamento, que forneceu várias manchetes para a *Folha da Tarde*, teve uma chamada simples, em uma coluna, no jornal do dia 22, sábado.

A ampliação do espaço dado para esses assuntos não desfiguraria o jornal, pois a primeira página da *Folha da Tarde* está carregada de assuntos locais que caracterizam o jornal da cidade.

24/1/94

Folha da Tarde

POLÍTICA

CARNAVAL DE ITAMAR

Deputado diz que modelo só queria conhecer o presidente

Segundo Valdemar Costa Neto, Itamar autorizou a entrada de Lílian Ramos no camarote. O deputado disse não ter reparado que se a modelo usava calcinha e nega que ela seja garota de programa

Pivô involuntário da aventura carnavalesca de Itamar Franco, Valdemar Costa Neto, 44, líder do PL na Câmara dos Deputados, afirma que Lílian Ramos tinha apenas curiosidade de conhecer o presidente quando pediu para ele levá-la ao camarote presidencial. O deputado disse que o próprio Itamar autorizou a entrada de Lílian no camarote. "Cumprimentei Itamar e disse que outras três pessoas queriam conhecê-lo. O próprio presidente autorizou a entrada", afirma Valdemar. O deputado afirma não ter percebido que a modelo estava sem calcinha.

Divorciado, quatro filhos e amigo de Lílian há quatro anos, o deputado do PL paulista nega que a modelo seja "garota de programa".

Foi Valdemar quem convidou Lílian para assistir o desfile das escolas de samba em seu camorote, no Sambódromo.

Depois da meia noite, quando o deputado saía, com uma amiga, para visitar o camarote de Itamar. Lílian pediu para ir junto. "Posso ir também? O presidente me deu muita atenção quando eu passei na avenida", disse. Na porta do camarote, seguranças do presidente permitiram apenas a entrada do deputado.

Para Valdemar, Lílian não se prostitui. Segundo ele, nem o suposto fato de a foto da modelo aparecer em um catálogo de "garotas de programa" significa que ela viva desse tipo de expediente. "Tem agência que põe foto de modelo famosa para atrair cliente. Isso é só para pegar trouxa", afirma.

O ministro Mauro Durante (Secretaria Geral) negou ontem que sabia que se tratava da atriz e modelo Lílian Ramos uma das pessoas que ele autorizou a entrar no camarote do presidente, no Sambódromo. "Falaram que era uma desfilante. Disse que aguardasse alguém sair primeiro. Depois é que associei a desfilante com aquela que tinha sido destaque na Viradouro e que ela era a Lílian Ramos", justificou Durante.

Itamar Franco dedicou parte do dia de ontem para ir ao dentista. Esteve pela manhã, entre 10h30 e 11h55 e novamente à tarde, entre 15h30 e 16h50. Não houve até as 19h10 qualquer explicação oficial, mas um amigo disse que Itamar está fazendo um tratamento de canal. **(Folha de S.Paulo)**

O presidente Itamar Franco sai de casa para ir ao dentista

MODELO

Prédio onde funciona a agência em que Lílian seria cadastrada

Agência fica fechada e donos desaparecem

A agência Diamont, na qual a modelo Lílian Ramos seria cadastrada, passou o dia de ontem fechada. Segundo reportagem publicada ontem pelo jornal "O Globo", a agência trabalharia com garotas de programa e teria entre suas 60 contratadas a modelo que esteve com o presidente Itamar Franco no Sambódromo do Rio.

A agência é, na verdade, um apartamento conjugado, n.º 1035, do edifício 196 da avenida General Olímpio da Silveira, no bairro de Santa Cecília (zona oeste). O zelador do prédio, que se identificou como José, disse que os moradores do apartamento, Joseph Almeida Santiago, e um outro rapaz que conhece apenas como Marcelo, saíram bem cedo. "Eles disseram que iam viajar e que só voltariam em três meses", disse o porteiro.

O endereço aparece nos jornais em um anúncio que oferece "as mais lindas garotas e bonecas de SP". Uma noite com uma das modelos não sairia por menos de US$ 3 mil.

O zelador disse que não se lembrava de ter visto Lílian no prédio. "Se ela esteve aqui, nunca percebi." O edifício onde funciona a suposta agência tem 14 andares e 20 apartamentos cada.

(Luiz Octavio Lima)

Romance é exotismo brasileiro, dizem jornais do exterior

O escândalo entre o presidente Itamar Franco e a modelo Lílian Ramos repercutiu intensamente na imprensa estrangeira. A notícia, destaque em diversos jornais da Europa e dos EUA, foi, de modo geral, encarada como mais um dos "exotismos" da política brasileira.

O "Le Monde", um dos principais jornais da França, distribuiu artigo que classifica o fato como uma "trapalhada" do presidente brasileiro.

Nos tablóides sensacionalistas de Nova York, o romance recebeu grande destaque. O "New York Post" deu uma foto dos dois com a legenda: "Presidente Itamar Franco se expõe ao ridículo com Lílian Ramos".

As peripécias carnavalescas do presidente repercutiram até na Suíça. Na edição de ontem, o popular "Le Matin", de Lausanne, deu chamada na primeira página — "Brasil: o presidente com uma sem calça".

Já o jornal português "Diário de Notícias" diz que o presidente "foi vítima de uma cilada". Segundo o jornal, o objetivo era Lílian passar a noite no camarote presidencial e depois acusar Itamar de assédio sexual. Afirma que quem acabou sendo vítima de assédio sexual foi o presidente.

(Folha de S.Paulo)

Empregados de Getulina depõem

PRES. PRUDENTE - O delegado seccional de Lins (SP), Álvaro Cardim, que preside o inquérito que apura a morte de Rafael Galhardo, ocorrida durante um conflito com sem-terra, ouviu ontem os depoimentos dos irmãos Edson Amorim e Eurides Amorim, empregados da fazenda Jangada, de Getulina (SP). Os irmãos disseram que os sem-terra dispararam cerca de 30 tiros em direção à caminhonete, onde estavam com Galhardo. Os depoimentos, segundo o delegado, não ajudaram a esclarecer dúvidas sobre o crime. Ele pretende convocar para depor outros empregados da fazenda Jangada.

(Ulisses de Souza)

PT rejeita aliança com PSDB anti-Lula

FLORIANÓPOLIS - O presidente do PT de Santa Catarina, José Fritsch, 39, disse ontem que uma coligação com PSDB no Estado ficará "inviabilizada" se o partido apoiar qualquer candidatura "anti-Lula" no plano nacional. Desde dezembro PMDB, PDT e PSDB têm conversado sobre a possibilidade de articular uma candidatura capaz de fazer frente ao presidente nacional do PT, Luiz Inácio Lula da Silva. Lula deve apoiar formalmente uma aliança estadual do PT com o PSDB em Santa Catarina. A dobradinha seria entre Jaison Barreto (PSDB), ao governo do Estado, e Luci Choinaski (PT), para o Senado, em uma composição com a Frente Popular (oito partidos de esquerda).

(Sílvia Quevedo)

POLÍTICA LIGUE 224 3241 Domingo a sexto, das 10h às 18h

Assessores desconheciam que modelo estava sem calcinha

BRASÍLIA - O presidente Itamar Franco foi ao Sambódromo do Rio de Janeiro no Carnaval para atender a uma estratégia de marketing de sua assessoria, que quer "popularizar" sua imagem, segundo assessores do Planalto. Segundo os assessores, ninguém no camarote sabia que a modelo estava apenas de camiseta.

Antes mesmo de os fotógrafos terem descoberto que a modelo estava sem calcinha, a segurança chegou a alertar Itamar para o fato de que Lílian Ramos estava "se demorando demais" no camarote da Sapucaí. Aos apelos dos assessores, Itamar respondia, apenas, que ela estava indo embora.

O presidente tinha tomado umas duas doses de uísque e estava empolgado, contou um dos assessores à reportagem.

Itamar tomou as doses depois de uma semana de dieta rigorosa, pois no domingo anterior ao Carnaval ele sofreu de intoxicação alimentar por causa de um empadão de frango estragado.

(Sucursal de Brasília)

A modelo Lílian Ramos durante uma entrevista

Cardeal do Rio aponta baixo índice moral

O cardeal Arcebispo do Rio de Janeiro, Dom Eugênio Sales, divulgou ontem uma nota em que diz: "O episódio que envolveu o presidente Itamar e uma modelo causou constrangimento generalizado. Merece reprovação. O fato revela o baixo índice moral do Carnaval carioca".

O presidente da Telerj, José de Castro, comparou a Lílian Ramos a Marilyn Monroe e o presidente Itamar a John Kennedy. Segundo José Castro, Marilyn teria cantado para Kennedy sem calcinha "e não houve nenhuma crise por causa disso".

O prefeito de São Paulo, Paulo Maluf (PPR) disse estar lançando "um protesto contra tudo o que acontece neste país, onde as futilidades e as bobagens têm notoriedade, enquanto aumenta a inflação, o nível do desemprego e o Brasil só aparece nas páginas do primeiro mundo sob chacota."

(Sucursal do Rio e LOL)

Itamar entra para o clube dos machões

O affair entre Itamar Franco e a modelo Lílian Ramos rendeu ao presidente a carteirinha de sócio do Movimento dos Machões Mineiras (MMM). "O presidente mostrou que é muito macho", afirma Luiz Mário Jacaré Ladeira, o "Jacaré", presidente do movimento. Segundo ele, o presidente também não deve escapar do título de machão do ano. "Acho difícil alguém superá-lo esse ano".

Jacaré acha que o episódio acabou de vez com os boatos que corriam em Minas Gerias de que o presidente "não gostava de mulher". O boato, segundo Jacaré, se espalhou em 86, quando Itamar concorreu ao governo do Estado.

"Com um mulherão daquele do seu lado e ainda por cima sem calcinha, não dá para ficar parado", comenta. "A primeira coisa que tem que fazer é atacar. Depois a gente mede as consequências." **(Regina Terraz)**

Página A-3 da *Folha da Tarde* de 18 de fevereiro de 1994, que destaca o caso Itamar-Lílian Ramos.

52. COMO É FÁCIL MEXER COM O PRESIDENTE

Falou-se de tudo do caso Itamar Franco-Lílian Ramos e, como se previa, o namorico de Carnaval ganhou dimensão nacional, os aproveitadores de plantão emergiram do lodo e chegaram a pedir o *impeachment* do presidente. Nunca uma troca de afagos foi tão explorada pelos meios de comunicação.

Um aspecto do episódio que os jornais não levantaram é a facilidade com que se pode manipular o homem mais importante – pelo menos teoricamente – do país. Uma atriz de pornochanchadas se insinua no camarote do poder, seduz o presidente da República e se exibe sem calcinha para os fotógrafos sem castigo. A moça, ao que tudo indica, queria apenas aparecer, reforçar seu marketing, e conseguiu. Mas e se suas intenções fossem menos simplórias? Conseguiria do mesmo jeito, a julgar pela ingenuidade não só de Itamar, mas de toda sua assessoria.

Nos filmes de espionagem o herói costuma ser atraído para uma armadilha por mulheres bonitas e sedutoras, que acabam se revelando perigosas agentes do inimigo. O herói, como convém a uma fantasia hollywoodiana, não é bobo e dá o clássico "chega pra lá" na vilã. Itamar não é James Bond e, quando caiu em si, era tarde demais.

Imagine se o presidente exibe a mesma fragilidade no trato das grandes questões nacionais, como a inflação, a violência e a fome? São problemas que não se resolvem com galanteios que Itamar distribuiu no sambódromo. Concordo que a imprensa deve se preocupar com os grandes problemas brasileiros. Uma calcinha não merece tanto, disse ao ombudsman a leitora Lídia Lídice Luchetti.

O escorregão de Itamar, como a maioria dos amores carnavalescos, já passou e a tendência é cair no esquecimento. Acho, no entanto, que os jornais deveriam continuar a acompanhar o caso. A fragilidade que Itamar mostrou na avenida estimula a ação de gente interessada em ver o Brasil pegando fogo.

URUBUS NA CARNIÇA

A atriz Lílian Ramos confirma sua esperteza: em entrevista ao jornal *O Globo*, do Rio, no sábado, pediu desculpas a Itamar, "ao povo brasileiro e à Igreja". Ela se diz católica, "rezo todas as noites". Mas jogou mais lenha na fogueira ao afirmar que os assessores ficaram com inveja de Itamar. "Eles me olhavam como urubus atrás da carniça." Vale lembrar que entre as pessoas que circulavam pelo camarote estava o ministro da Justiça, Maurício Corrêa, que teria se excedido no uísque e tinha dificuldades para se equilibrar nos degraus do camarote, segundo *O Globo*. O ministro nega.

CHACOTA

Os políticos e empresários que reclamam da pouca atenção que a imprensa dos países do Primeiro Mundo dá ao Brasil não têm do que se queixar. O affair Itamar-Lílian ganhou grandes espaços não só na imprensa sensacionlista, mas também em jornais mais influentes como o *Financial Times* e o sisudo *Le Monde*. A maioria das reportagens do exterior tinha tom irônico.

EXTREMOS

A *Folha da Tarde* relutou em entrar na história do namoro presidencial e foi um dos poucos diários do Brasil que não publicou o assunto na primeira página na terça-feira. Na quinta-feira deixou os pudores de lado e saiu com uma "foto explícita" da atriz sem calcinha. "Vocês já disseram que a mulher estava sem calcinha, não precisavam provar", reclamou o leitor Alberto A. Gomes da Silva.

DÁ PRA ACREDITAR?

Folha da Tarde, edição de sexta-feira, 18 de fevereiro de 1994, pág. A-3 [ver fac-símile no início da coluna}.

21/2/94

53. A HORA DA VERDADE

Simples em sua concepção, o plano econômico do ministro Fernando Henrique Cardoso revelou-se muito mais problemático do que se imaginava, a julgar pelas dificuldades que o governo enfrentou para a definição da forma de indexação de preços, salários e investimentos à URV (Unidade Real de Valor). A sigla mágica, que deverá estar na boca de todos os brasileiros a partir de hoje, ainda é encarada como um bicho de sete cabeças pela maioria da população. "Culpa da mídia", disse um paulistano entrevistado na rua por uma equipe de televisão.

Ele tem razão, mas até certo ponto. O governo provou sua incapacidade de comunicação com a população e é responsável por grande parte da confusão. A imprensa leva outra parte da culpa porque foi com sede ao pote e deu ares de verdade a simples especulações. No momento em que escrevo esta coluna, no sábado, tudo indicava que um dos pontos sensíveis do plano – a indexação dos salários – estava resolvido. A conversão dos salários, segundo a *Folha da Tarde* de sábado, seria feita pela média dos últimos quatro meses (novembro a fevereiro).

Isso confirma a manchete deste jornal na terça-feira e foi uma das poucas unanimidades do noticiário dos jornais do eixo Rio-São Paulo. Até chegar ao ponto cada jornal deu várias versões para a questão salarial. Na quarta-feira surgiu a informação de que o governo estaria elaborando uma tabela com valores em URV para servir de guia para o cálculo dos salários. De acordo com a *Folha da Tarde*, a tabela teria os valores diários e mensais de URV aplicados aos últimos dois anos. *O Estado de S. Paulo* do mesmo dia diz que a tabela terá valores dos últimos oito meses, e não dos últimos dois anos.

O desencontro de informações era de tal ordem que um mesmo jornal dava dados diferentes numa mesma edição. Foi o caso da *Folha da Tarde* de terça-feira. Enquanto a manchete afirmava que a conversão seria feita pela média "em dólares" dos últimos quatro meses, um quadro com um resumo das alterações econômicas dizia que o cálculo levaria em conta a média dos últimos oito ou 12 meses.

Outros itens do plano econômico também tiveram informações desencontradas. No Rio, o jornal *O Globo* alçou à manchete a notícia de que as cadernetas de poupança abertas a partir de 1° de março seriam remuneradas de acordo com o novo indexador. No dia seguinte amargou um solene desmentido do Ministério da Fazenda. O salário mínimo, que deve ficar em US$ 65, vai trazer ganhos para o trabalhador, de acordo com cálculos de *O Globo*. Não é o que pensam as lideranças sindicais, que ameaçam convocar greves contra as perdas salariais.

Apesar dos desencontros, os jornais fizeram sua parte, tentando antecipar os principais pontos do plano para seus leitores. É um esforço legítimo e faz parte do papel da imprensa. O problema é que os jornais assumiram informações não confirmadas e confundiram os leitores. É uma situação semelhante ao que aconteceu às vésperas do Plano Collor, em 1990. Todos os jornais foram surpreendidos pelas decisões radicais, que incluíam medidas que vinham sendo negadas pelos autores do projeto, como o confisco da poupança.

Desta vez a coisa parece ser diferente. O ministro Fernando Henrique vem desmentindo com veemência soluções como congelamento de preços, bloqueio de dinheiro e redução da massa salarial. Mas, como a corda costuma arrebentar do lado mais fraco, nada garante que, em nome da salvação da economia do país, o governo não volte a meter a mão no bolso do povo.

O brasileiro médio, já escolado pelos fracassos de planos como o Collor, Bresser e Funaro, não esconde o pessimismo. E com razão: apesar das promessas do ministro da Fazenda, o comércio vem fazendo aumentos preventivos. A *Folha da Tarde* de sábado informa que a cesta básica subiu 11,88% na semana, quase atingindo o recorde de 12%.

O pessimismo aumenta com a leitura dos jornais. A seguir, uma relação de títulos de reportagens de sábado sobre a implantação da URV que justificam a falta de entusiasmo da população:

"Preços já aumentam da noite para o dia" (*O Globo*)
"Carros têm aumento retroativo" (*O Globo*)
"URV é desculpa para explosão de preços" (*Diário Popular*)
"Betinho compara plano ao de Pinochet" (*Folha de S.Paulo*)
"Preços subiram até 320% desde janeiro" (*O Estado de S. Paulo*)
"Tarifas escapam da conversão" (*Folha da Tarde*)

DRAMA

A *Folha da Tarde* relatou, na edição do dia 21, o drama de uma mulher de 360 kg que, com complicações cardíacas e alterações hormonais, passava mal e aguardava uma vaga na UTI do Hospital do Mandaqui deitada no chão. No dia seguinte ela morreu. Um drama como muitos que acontecem diariamente no precário sistema de saúde do país, mas que merecia uma cobertura mais abrangente do jornal. O caso é revoltante, mas parece já ter caído no esquecimento.

28/2/94

54. NÃO DÁ PARA FAZER MÁGICA COM A URV

Apesar da longa gestação, a URV – novo indexador da economia brasileira – nasceu com sintomas de prematuridade, espalhando dúvidas, alimentando o noticiário especulativo e forçando seus gestores a improvisar remendos de última hora. Quem melhor definiu a situação foi o ministro da Previdência, Sérgio Cutolo. "Não dá para fazer mágica", desabafou o ministro, referindo-se ao caso específico dos aposentados, que reclamam de perdas em seus benefícios. A frase, no entanto, cabe sob medida em todos os setores atingidos pela URV.

O governo parece acreditar em mágica. Em meio ao impacto das mudanças nas regras da economia, enquanto se discutiam as perdas salariais, a explosão da cesta básica e os metalúrgicos ameaçavam greve, lançava-se a candidatura do tucano Fernando Henrique à sucessão de Itamar. Excesso de confiança que faz lembrar um episódio que marcou sua campanha pela Prefeitura de São Paulo. Certo da vitória, posou para uma revista sentado na cadeira do prefeito, no Ibirapuera. Jânio ganhou a eleição.

Na falta de respostas para as dúvidas do plano, os jornais voltaram a especular, dando crédito a propostas oportunísticas, claramente fora das cogitações do governo. Foi o caso da manchete da *Folha da Tarde* de sexta-feira, editada em quatro colunas (o jornal tem seis colunas), "Congresso quer criar gatilho para os salários". No dia seguinte, o jornal abriu uma manchete de lado a lado da página, em seis colunas, com um categórico não do ministro ao gatilho. "Não faz sentido, pois a URV já é um gatilho diário", ponderou Fernando Henrique. Foi um raro caso de um desmentido ganhar destaque maior que a notícia.

O Estado de S. Paulo anunciou na manchete de quarta-feira que "Congresso quer mudar normas da URV" e alertou para um impasse entre o governo e o parlamento. A questão, ao que parece, não era tão grave, tanto que o jornal não voltou ao assunto na primeira página. O *Diário Popular* tentou dirigir a edição para um assunto de interesse da cidade e, na quinta-feira, disse em manchete que "Aumento de ônibus só sai com ordem de Brasília". Um tanto fora de hora, pois os ônibus – e também metrô, trens e táxi – tinham sido estrategicamente aumentados no sábado, dois dias antes do anúncio da URV.

Cada jornal faz o que pode na tentativa de encontrar alguma novidade sobre o plano. Às vezes forçam a barra. Afinal, não dá para fazer mágica.

O PODER DO TÍTULO

Um título inspirado e atraente pode disfarçar, mas não salva um texto ruim. Por outro lado, um título ruim pode tornar um bom assunto desinteressante e não convidar à leitura. Um exemplo está na edição de quinta da *Folha da Tarde*. Fernando Henrique falou em tom de candidato à Presidência e insinuou que pode deixar o governo caso o Congresso "diga não" ao seu plano econômico. Os dois primeiros parágrafos da reportagem tinham tom político, mas o título chamou para uma informação que estava no fim, "Fernando Henrique diz que real será criado em abril".

***

O jornal deixou de lado o aspecto político da entrevista do ministro para privilegiar uma declaração um tanto repetitiva, a de que o real (a nova moeda) só será criado "após abril". O ministro já vinha dizendo que a mudança do padrão monetário depende de uma série de fatores – a impressão das novas cédulas, por exemplo – e por isso era improvável que a troca do cruzeiro pelo real fosse feita em menos de dois meses. Além disso, "após abril" pode ser maio, junho ou agosto.

Outro título da mesma edição refere-se à questão das mensalidades escolares de forma ingênua, "Fazenda ameaça com devassa escola que abusar nos preços". Ameaças de devassa foram feitas em todos os fracassados planos econômicos e não assustam mais os donos das escolas e nem animam os pais de alunos. Virou lugar-comum, uma expressão de efeito desgastado pelo uso. O fato concreto é que os donos das escolas decidiram, sem prévia consulta aos pais dos alunos, converter as mensalidades pela média dos quatro últimos meses e aplicar um aumento adicional de 12,4%.

Títulos superficiais, frios, vagos e às vezes inteiramente desvinculados do teor da reportagem são comuns nos jornais diários e podem ser explicados – mas não justificados – pela pressa com que o produto é elaborado. O jornal tem hora para chegar às bancas e às mãos dos assinantes e o redator trabalha com um olho no texto e outro no relógio. Em ocasiões especiais, como no lançamento do plano econômico do ministro Fernando Henrique Cardoso, a situação piora. Ninguém pode se dar ao luxo de ler um texto duas vezes.

7/3/94

55. QUESTÃO DE INTERPRETAÇÃO

O tom professoral e didático das explicações do ministro da Fazenda, Fernando Henrique Cardoso, não tem sido suficiente para acabar com as confusões e especulações em torno da implantação da URV, a Unidade Real de Valor. Tem tablita, não tem tablita, preços vão às alturas, juros explodem, alíquotas de importação caem, salários podem ter reposição das perdas. O leitor fica confuso porque é bombardeado por informações desencontradas que partem muitas vezes do próprio governo.

O aumento da energia elétrica é um exemplo marcante. O ministro Fernando Henrique mostrou-se surpreendido com o aumento fora de hora, mas o diretor do Departamento Nacional de Águas e Energia Elétrica, Gastão Luís de Andrade, disse que o ministro sabia de tudo. É fácil adivinhar quem caiu.

Os jornais continuam colaborando para a confusão, principalmente no noticiário paralelo. Um exemplo está na área sindical. No dia 8, terça-feira passada, as centrais sindicais CUT, Força Sindical e CGT convocaram os meios de comunicação para uma entrevista na sede do Sindicato dos Metalúrgicos de São Paulo. A *Folha da Tarde* e o *Diário Popular* coincidiram no tratamento gráfico: a entrevista foi editada no meio da página sobre a URV, com foto em duas colunas do presidente da CUT, Jair Meneguelli, e da Força Sindical, Luiz Antonio de Medeiros.

As semelhanças pararam aí. Enquanto a *Folha da Tarde* afirmava que as centrais haviam decidido trocar a greve por pressão sobre o Congresso, o *Diário Popular* dizia o contrário. A CUT e a Força Sindical teriam prometido uma greve geral, também para pressionar o Congresso. Afinal, como duas informações conflitantes podem sair de uma mesma entrevista coletiva?

O problema, no caso, parece ter surgido na Redação. O

jornalista que leu a reportagem e fez o título na *Folha da Tarde* puxou para um aspecto menos forte mas aparentemente mais correto: os sindicalistas falaram mesmo em greve geral, mas ressaltaram que era difícil parar o país a essa altura. Preferiam soluções menos radicais. O *Diário Popular* fez outra interpretação e destacou a greve, que nunca deixa de ser descartada por qualquer líder sindical.

Apesar disso, a *Folha da Tarde* resolveu voltar atrás e, no sábado, seguiu o *Diário Popular* com uma nota, numa das páginas de Economia, sob o título "CUT quer convocar greve geral para o dia 23 de março". A não ser pela data da greve, a notícia não tem nada de novo comparada com a de terça-feira. As centrais sindicais continuam dando prioridade à pressão sobre o Congresso e pretendem fazer uma manifestação conjunta no dia 15 em Brasília. E Meneguelli continua achando difícil fazer uma greve geral, diz a *Folha da Tarde*.

Outra questão decorrente da mudança econômica, a do aumento dos vencimentos do funcionalismo estadual, teve também diferentes abordagens. Na edição de quinta-feira o caso foi manchete da *Folha da Tarde*: "Estado promete aumento em URV para evitar greve". O jornal se baseou numa entrevista do secretário da Administração, Antônio Araldo Dal Pozzo, que condicionou sua promessa ao crescimento da arrecadação dos impostos. O que, para o funcionalismo, soa como algo longíquo.

No mesmo dia, também em manchete, o *Diário Popular* dava um banho de água fria nos servidores ao transmitir um recado do mesmo secretário Dal Pozzo: "Governo chega ao limite no salário do servidor estadual". O Diário Oficial não faria melhor.

E O DEDO?

Algumas notícias aparecem e desaparecem do jornal sem qualquer explicação, frustrando os leitores. Na edição de quinta-feira a *Folha da Tarde* publicou o caso de um policial militar que achou um dedo humano numa pizza, em São Vicente. O jornal não voltou mais ao assunto. Nem o dono da pizzaria foi ouvido.

QUARESMEIRA É NOTÍCIA

Na mesma edição de quinta-feira este jornal reservou uma página sobre a florada das quaresmeiras. "Desperdício de espaço", reclamou um leitor. Peço licença para discordar. A cidade tem coisas mais importantes, concordo, mas na maioria das vezes são assuntos pesados, como buracos de ruas, leptospirose, enchentes, greves, congestionamentos. Por que não dar uma arejada de vez em quando, com as quaresmeiras?

MESMA FOTO

Este jornal publicou, na sexta-feira e no sábado, duas fotos idênticas do presidente da Câmara Municipal, Miguel Colasuonno. A única diferença estava no corte da imagem. Colasuonno já foi prefeito de São Paulo...

NATURAL

Os jornais noticiaram a decisão do prefeito Paulo Maluf de deixar o cargo para disputar a Presidência como se fosse a coisa mais natural do mundo, protesta o leitor João Fernando Ruiz. "Ninguém se lembrou que ao assumir ele havia negado tal candidatura e prometera cumprir seu mandato."

14/3/94

cláudio
AMO ♥ SÃO PAULO
AMO ♥ BRASÍLIA
LIX

SÓLON, UM DIA TUDO ISSO SERÁ TEU!
Av. Jusc
Kubitche
cláudio

56. SÃO PAULO MERECE MAIS

MARCA

As charges do Cláudio, sempre no canto esquerdo da primeira página, estão se transformando numa marca do jornal, como as tiras do Professor Nimbus, que identificavam *A Gazeta*. Com uma diferença fundamental: o Professor Nimbus era um personagem importado e totalmente alheio à realidade brasileira. Cláudio, pelo contrário, acompanha o nosso dia a dia com seus desenhos. Na semana passada foi particularmente feliz em duas charges. Confira [na página ao lado].

21/3/94

57. INIMIGA PÚBLICA Nº 1

A Sabesp, estatal responsável pelo fornecimento de água e recolhimento do esgoto em São Paulo, não é nenhum modelo de eficiência e certamente merece as críticas por buracos não tampados e pelo alto valor das contas. Desta vez, no entanto, ela sofre uma injustiça. Em reportagem publicada sexta-feira pela *Folha da Tarde*, a empresa é chamada levianamente de "inimiga" nº 1 "dos consumidores paulistas".

O jornal se baseou, para fazer essa afirmação, em lista do Procon que relaciona as empresas com maior número de reclamações durante o ano passado. A Sabesp está no topo, com 318 reclamações. Mas o que significam 318 queixas para uma empresa como a Sabesp, que atende 3,8 milhões de pessoas? É muito pouco, 0,03% do total de consumidores. É, portanto, um exagero classificar a empresa de "inimiga pública nº 1".

Uma empresa privada que trabalha com planos de saúde, a Interclínicas, com 35 mil nomes cadastrados, teve 102 reclamações anotadas pelo Procon no ano passado, ou seja, 0,29% do total. Em termos percentuais o número é bem maior que o da Sabesp. Números absolutos podem impressionar o leitor, mas não refletem a verdade. Quanto maior a empresa, maior é a probabilidade de problemas e, em consequência, de reclamações.

O pior é que a reportagem da *Folha da Tarde* não publicou a defesa das empresas citadas, a Sabesp e a Interclínicas. O ombudsman teve de procurar em outro jornal. A Sabesp não nega as reclamações, pondera que o número é muito pequeno diante do "universo" de consumidores atendidos pela empresa. A reportagem desrespeita outra regra básica do bom jornalismo, a exatidão. A lista do Procon tem exatas 2.016 empresas citadas, e não 2.000 redondos.

A lista do Procon é ampla, dividida por setores – alimentação, financeiro, habitação e serviços – mas a *Folha da Tarde* preferiu centrar o fogo na Sabesp. E não foi por falta de informação. Há casos em que o Estado, por solicitação do Procon, entrou na Justiça com ação pública por aumentos de até 1.000% sobre as mensalidades de um plano de saúde. Foram parar na Justiça também denúncias de cobrança de taxas indevidas por várias imobiliárias de grande porte.

Com frequência a imprensa é acusada de distorcer dados e declarações para tornar uma reportagem mais atraente. No caso da Sabesp os números estão corretos, mas houve distorção na abordagem do tema. Isso fica evidente quando a Sabesp foi "eleita a inimiga pública nº 1 dos consumidores". Este caso foi com a Sabesp, mas poderia ser com qualquer outra empresa ou pessoa. Uma das funções do ombudsman é chamar a atenção do jornal para esse desvio no projeto editorial e evitar a repetição da falha.

DÁ PRA ACREDITAR?

Na primeira coluna do ano, no dia 3 de janeiro, citei o espanto de um jornalista japonês com as contradições do país. "Acho que os japoneses não vão acreditar, parece brincadeira." Ele ainda não tinha visto nada. Por exemplo, o presidente da República, autoridade máxima do país, passando uma cantada numa modelo que subiu ao palanque sem calcinha. As três polícias de São Paulo (Guarda Metropolitana, Polícia Militar e Polícia Civil) brigando entre si enquanto os assaltantes agiam à vontade. A prefeitura criando linhas para ônibus clandestinos (como explicar que são clandestinos legais?). A Justiça brigando com o presidente por um punhado de cruzeiros reais. Parlamentares acusados de corrupção zombando da CPI que levantou a máscara que encobria os corruptos.

SIGLAS 1

A *Folha da Tarde* de sábado traz interessante reportagem sobre as siglas que fazem parte do dia a dia do paulistano e que poucos conseguem decifrar. Os jornais têm culpa nessa proliferação de siglas, pois muitas foram criadas nas Redações, por causa da dificuldade de escrever por extenso. No caso do ministro Fernando Henrique Cardoso, a *Folha da Tarde* evita a sigla FHC e recorre a uma forma simplificada do nome do ministro da Fazenda, F. Henrique.

SIGLAS 2

Entre as siglas recentes, e que aparecem na *Folha da Tarde* da semana passada, estão CCJ (Comissão de Constituição e Justiça) da Câmara dos Deputados, CCTC (Cooperativa Comunitária de Transportes Coletivos) e Romu (Ronda Municipal).

DINHEIRO

O jornal, pressionado por problemas técnicos, tirou da primeira página de sexta-feira o quadro Dinheiro, que tem os principais indicadores econômicos, como as cotações do dólar e o valor da URV. Os leitores protestaram ao ombudsman e o quadro não só voltou ao seu lugar, como fez a direção da Redação publicar numa página interna, no sábado, o quadro que deveria ter saído na sexta-feira. Os leitores mostraram sua força.

28/3/94

58. UM RETRATO CRU DA CIDADE

A primeira página da *Folha da Tarde* de sexta-feira conseguiu, sem artifícios gráficos ou malabarismos de linguagem, fazer um retrato cru das contradições e mazelas que esfacelam São Paulo. Num canto do jornal uma foto mostra o tratamento desumano a que são submetidos os paulistanos obrigados a procurar assistência médica da prefeitura. Uma mulher de 73 anos, que tivera um infarto, espera atendimento numa maca sem colchão, no corredor do pronto-socorro do hospital do Mandaqui.

Logo abaixo, outra foto exibe o novo túnel da cidade, construído com tecnologia de Primeiro Mundo e que passa debaixo do rio Pinheiros. Seus 880 metros ligam dois bolsões de riqueza, o Morumbi e a avenida Juscelino Kubitschek e permitirão aos motoristas uma economia de 12 minutos no mesmo percurso. Ninguém precisará se preocupar com a poluição dentro do túnel: um sistema de exaustão à prova de falhas garantirá a renovação constante do ar.

A rica São Paulo não consegue arrumar um leito decente para uma paciente acometida por uma doença grave, mas gasta US$ 120 milhões para facilitar a travessia de um rio. Sintomaticamente, o túnel não é para qualquer um. Os ônibus não podem usar o túnel e continuam enfrentando os congestionamentos da superfície.

Uma expressão desgastada pelo uso, mas que define muito bem a situação da cidade, diz que São Paulo tem um lado Bangladesh, com muita miséria, e outro lado Suíça, que esbanja dinheiro. O prefeito Paulo Maluf deu esperanças aos paulistanos de Bangladesh. Depois de inaugurar o túnel o prefeito anunciou mudanças em suas prioridades. Os investimentos serão canalizados para saúde, educação e habitação.

Das duas uma: ou acabou o dinheiro ou o dinheiro acabou. O prefeito, que direcionou os recursos municipais em obras vistosas, de olho no Palácio do Planalto, teve de desistir de seu projeto político. Resta agora ir tocando a prefeitura até a próxima eleição, o que não será fácil.

As contradições mostradas pela primeira página não param aí e justificam o desânimo dos paulistanos. O que fazer quando se descobre que uma prosaica escolinha infantil, que deveria orientar o desenvolvimento das criancinhas, promovia orgias sexuais? Ou que uma guarda formada para vigiar o patrimônio da prefeitura resolva perseguir um carro à moda da Rota, disparando tiros à vontade (sete tiros atingiram o automóvel e dois o motorista)?

Para completar o quadro de contrastes da capa da *Folha da Tarde*, uma foto feita em Goiânia mostra o casamento do cantor Luciano, irmão de Zezé Di Camargo. A festa, com pompa, luxo e fartura, custou US$ 100 mil.

Enquanto isso, o arcebispo de Fortaleza, dom Aloísio Lorscheider, dava uma lição de coerência e humildade ao beijar os pés de 24 detentos na mesma prisão onde o cardeal fora tomado como refém. Infelizmente esse ato, que marcou a Semana Santa, foi ignorado pela primeira página do jornal.

DITO E FEITO

Várias vezes este ombudsman chamou a atenção para o risco de colocar na rua guardas despreparados para exercer a função de policiais. O incidente da semana passada, em que guardas civis atiraram num carro e acertaram dois tiros no motorista, não foi surpresa.

CARROS

Na quarta-feira a *Folha da Tarde* noticiou a apresentação do Fusca do Futuro, um modelo desenhado pela Volkswagen americana. A notícia atiçou leitores que cobram há um ano a criação de uma página de carros na *Folha da Tarde*. Os leitores não foram esquecidos, diz a direção do jornal.

SUSTO

Manchete de *O Estado de S. Paulo* de sábado: "Aposentados recebem CR$ 1,5 trilhão". Todos os 14 milhões de aposentados e pensionistas do Brasil, bem entendido.

4/4/94

59. O LEITOR NÃO É BURRO

Nada como bons títulos e uma boa manchete para vender jornal. Essa foi a primeira coisa que aprendi numa Redação, há quase 30 anos. O ensinamento continua valendo, mas a fórmula vem sofrendo deturpações. Para conseguir títulos de efeito, que chamem a atenção dos leitores, muitos jornais torcem os fatos em nome de uma pretensa "liberdade jornalística" e vendem gato por lebre.

Hoje os leitores dispõem de uma grande variedade de fontes de informação e são muito mais críticos. Podem ser enganados uma vez, mas na segunda vez vão preferir mudar de jornal. Afinal, ninguém gosta de se sentir lesado. Isso não significa que os títulos devam ser essencialmente descritivos. O bom título deve ser atraente e imaginativo, mas sem torcer os fatos.

A manchete, título principal de um jornal, é, em tese, o principal assunto da edição. Cada jornal, no entanto, tem um público específico e a manchete nem sempre destaca o assunto de maior peso, mas sim a notícia que mais interessa aos seus leitores. A política, por exemplo, tem peso muito maior na *Folha de S.Paulo* que na *FT*.

Na semana passada fiz restrições à manchete "Perdas salariais em URV têm reposição garantida", de sexta-feira. O jornal se antecipou aos fatos na presunção de que, por ter o aval do governo, a reposição será aprovada pelo plenário do Congresso. A mudança na Medida Provisória da URV só prevê a reposição das perdas futuras.

A *Folha de S.Paulo* foi mais cautelosa e disse, em manchete, que o governo admite repor perdas. *O Estado* saiu com uma manchete descritiva, "Comissão aprova reposição salarial". Já o *Diário Popular* preferiu outro assunto para manchete e registrou a aprovação da URV sem se referir, no título, à questão das perdas.

Na edição de quarta-feira, dia 13, a *FT* publicou uma nota com o título "Sarney quer reeditar a ferrovia Norte-Sul". O ex-presidente falou em retomar as obras da ferrovia. Na sexta-feira o jornal estampou reportagem sobre uma pesquisa científica que indicou que a incidência de câncer no pulmão foi 18% maior entre fumantes que tomaram a vitamina A. O título do jornal foi "Vitaminas causam câncer em fumantes, diz estudo".

BICHO

O delegado Alberto Angerami fez sérias denúncias sobre o envolvimento de policiais no jogo do bicho em São Paulo no começo da semana e sumiu do noticiário. O jornal deveria mostrar o que aconteceu.

TORPEDO DE FEL

Em seus tempos de editor-chefe da *FT*, o jornalista Carlos Brickmann promoveu uma cruzada interna contra as agressões ao vernáculo publicadas pelo jornal. Quem trocasse posar (fazer pose) por pousar (descer) era no mínimo chamado de analfabeto. Eis que na sua coluna "Torpedos de Mel", do último número da revista *Imprensa*, o jornalista comete a mesma incorreção ao lembrar que, há algum tempo, um deputado perdeu o mandato por "pousar" de cuecas. Posso atestar, como conhecedor de seu texto e colega de Redação, que Brickmann não é analfabeto. Tudo indica que o erro surgiu num dos processos de confecção da revista, o de digitação. Falhas desse tipo aparecem também na coluna do ombudsman. Felizmente, até agora os erros não comprometeram a compreensão do texto.

FILMES NA TV

A programação de fim de semana dos filmes na TV, cortada do Programe-se dentro da reformulação da *FT*, voltou na sexta-feira passada atendendo a pedidos dos leitores. E voltou melhor e mais completa, ocupando uma página inteira.

18/4/94

Folha da Tarde

CR$ 400,00

São Paulo, Domingo, 1º de maio de 1994

TV "Quero Ser Grande", filme com Tom Hanks, hoje na Globo 14h05

FUNCIONÁRIOS DA PREFEITURA TRABALHAM NA SEDE DO PPR Política A-8

FT

EX-METALÚRGICOS ANDAM 30 KM POR DIA ATRÁS DE EMPREGO Metrópole E-3

URV vale hoje CR$ 1.323,92

FT dá Classificados

Caderno tem 12 páginas de ofertas

Caderno Classificados traz hoje 2.362 ofertas de carros (com tabela de preços), imóveis, empregos e negócios. Classificados F-1 a F-12

Listão do Trabalho terá 1.889 empregos

Toda segunda-feira, a partir de amanhã, a FT oferece a você o Listão do Trabalho, novo serviço que vai ajudá-lo a achar o emprego que tanto procura. Já na edição de estréia, o Listão trará 1.889 ofertas de empregos. Dinheiro A-4

FT dá Sorte

Pegue seu cartão para ganhar carros, apartamento e vídeos

A FT dá hoje mais cartões da promoção milionária FT dá Sorte. Com eles, você ganha mais de CR$ 120 milhões em prêmios, concorrendo a um apartamento de um quarto, quatro Fiat Uno Mille, 44 fogões, 30 videocassetes e 246 máquinas fotográficas. Quatro leitores já ganharam suas máquinas. Veja na página Dinheiro A-4 como participar.

Tira-teima entre Palmeiras e São Paulo agita a cidade

Clássico do Morumbi é visto como a final antecipada do Campeonato Paulista de 94; quem ganhar fica a um passo do título

Verdão e Tricolor entram em campo às 16h dispostos a "pôr a mão" na taça paulista. Sem Edmundo, a equipe palmeirense quer repetir o 1º tempo do jogo de quarta pela Libertadores. Mas hoje só a vitória interessa; o empate beneficia o São Paulo. O problema é que Zetti promete fechar de novo o gol do Tricolor. Esportes B-1 e B-3

DUELO NO MORUMBI

São Paulo — 34 Pontos, 23 Jogos, 14 Vitórias
Zetti; Vítor, Gilmar, Júnior Baiano e André; Doriva, Cafu, Válber e Leonardo; Euller e Muller
Técnico: Telê Santana
Banco: Rogério, Nem, Jamelli, Juninho e Palhinha

Palmeiras — 37 Pontos, 25 Jogos, 15 Vitórias
Fernandez, Cláudio, Antonio Carlos, Cléber e Roberto Carlos; César Sampaio, Mazinho, Rincon e Zinho; Edílson e Evair
Técnico: Wanderley Luxemburgo
Banco: Sérgio, Ricardo, Amaral, Maurílio e Sorato

Horário Os portões abrem às 13h e o jogo começa às 16h
Ingressos Arquibancadas, Cr$ 7 mil; numeradas CR$ 10 mil e 15 mil
TV Bandeirantes transmite o teipe a partir das 18h

Timão vence e mantém esperança

Esportes B-6

Piloto da F-1 morre no treino para o GP ao bater a 314 km/h

O piloto austríaco Roland Ratzenberger, 31 anos, da equipe Simtek, morreu ontem ao bater a 314 km/h no muro da curva Villeneuve, no circuito de Ímola, durante o segundo treino oficial para o GP de San Marino. No primeiro treino, sexta, Rubinho Barrichello escapou da morte em outro acidente. Ele teve alta ontem. As equipes Williams, Benetton e Sauber se negaram a voltar ao treino após a batida, mas a corrida foi confirmada para hoje às 9h, com TV. Senna é o pole e Schumacher o segundo. Esportes B-7 e B-8

O austríaco Roland Ratzenberger desacordado nos destroços de sua Simtek, em Ímola

TEMPO HOJE EM SP — PARCIALMENTE NUBLADO

A modelo Mônica Fraga estréia dia 16 na novela das 18h

Nova musa da Globo enlouquece o patrão em "Tropicaliente"

A modelo Mônica Fraga, 24 anos, faz a empregada doméstica Janaína na próxima novela das 18h da Globo, "Tropicaliente", que estréia no dia 16 deste mês. Mônica ficou conhecida do público na abertura da novela "Pedra Sobre Pedra", em que sua silhueta virava rios e montanhas. Janaína vai enlouquecer o filho dos patrões. FTVÊ D-1

Veja a estréia da coluna do Gugu Liberato. Show C-2

DINHEIRO 1/5

Dólar	
Paralelo	1.246,00/1.256,00
Turismo	1.209,00/1.240,00
Livre	1.302,25/1.302,27

Poupança	
hoje	46,6998
2/5	46,6998
3/5	49,3229

URV	
25/4	1.213,97
26/4	1.235,99
27/4	1.258,12
28/4	1.280,19
29/4	1.302,65
30/4	1.323,92
hoje	1.323,92

Ufir	
maio	740,63
2/5	740,63

Ufesp	
maio	6.356,85
2/5	6.356,85

UFM	
maio	34.409,12
2/5	34.409,12

A *Folha da Tarde*, a partir de 1º de maio de 1994, passou a ser publicada também aos domingos.

60. NASCE UM JORNAL

A edição dominical da *FT* tem, para mim, o significado de um novo jornal. Cresci lendo este jornal, nos anos 50, quando eram três as *Folhas*, a *da Manhã*, de logotipo preto, que evoluiu para a atual *Folha de S.Paulo*; a *da Tarde*, agora conhecida como *FT*, e a *da Noite*, que não existe mais. Sempre senti a falta do meu jornal aos domingos. Os leitores também. Como ombudsman, atendi muita gente que não se conformava em ter de comprar outro jornal no domingo.

A *FT* dominical nasce sem novidades bombásticas. Nem precisava. Só o fato de completar o ciclo semanal e evitar que os leitores tenham de buscar outro jornal já é bastante. Como convém a um jornal dominical, a *FT* capricha no serviço. Uma promessa, no entanto, não foi cumprida: o caderno de TV não traz a programação completa de toda a semana. Mas tem pelo menos a lista de todos os filmes programados para a semana.

Achei muito fino o caderno Metrópole que tem uma página só para notícias do interior. A reportagem que abre essa página não interessa apenas a quem mora no interior, pois é sobre a mais movimentada rodovia do país, a Dutra. Nos cadernos de Esportes e Show o que causa estranheza é a ausência de cores. A cor é fundamental pelo menos no Show. Nilson Camargo, editor responsável da *FT*, explica que devido a problemas técnicos esses cadernos tiveram de ser impressos em preto e branco. Tão logo esses problemas sejam superados as cores voltarão.

Uma das principais reportagens da edição, sobre as pessoas que vivem do lixo, é um pouco pesada para um jornal de fim de semana. Não se pode esconder uma realidade, mas a história do desempregado pode estragar um almoço dominical só pelo título: "Catador de lixo em Embu acha que já comeu carne humana".

Enfim, a *FT* dominical mantém as características das edições do dia a dia, um jornal compacto, fácil de ler, com bastante serviço, para que o leitor possa programar seu fim de semana. Ainda tem falhas e defeitos, entre os quais o excesso de erros de digitação, mas acho que diante dos aspectos positivos o jornal merece um voto de confiança.

A VOZ DO LEITOR

A quantidade de erros de digitação tinha caído mas voltou a subir na semana passada. São geralmente falhas pequenas (falta ou troca de letra, frases com repetições) que não chegam a comprometer a compreensão de um texto, mas truncam a leitura e provocam a irritação do leitor. Alguns desses erros podem até comprometer um texto ou transmitir uma ideia equivocada ao leitor. É o caso de uma notícia publicada na *FT* de sexta-feira passada sobre uma manifestação de motoristas e cobradores de ônibus. A categoria, segundo a *FT*, reúne 65 trabalhadores. É evidente que faltam alguns zeros. Mas quantos? São 6.500, 65.000 ou 650 mil?

PEDIDO DA FAMÍLIA

A família do banqueiro Ezequiel Nasser, sequestrado na quinta-feira, pede que a imprensa se afaste do caso. Antigamente nem era preciso pedir. Os jornais acompanhavam mas não publicavam notícias sobre sequestros por razões de segurança. Afinal, havia uma vida em jogo. O *Novo Manual da Redação* prevê a omissão de informação cuja divulgação coloque em risco a segurança pública, de pessoa física ou empresa, desde que autorizada pela direção da Redação e também pela direção da Empresa.

CONGESTIONAMENTO

Um ser humano foi atropelado na Marginal do Tietê e a *FT* de sexta-feira só se preocupou com o congestionamento que isso provocou, de quilômetros. O jornal não disse nem se a vítima morreu, se é homem ou mulher. Mas não se esqueceu de dizer que o trânsito não teve maiores problemas porque aconteceu em hora de pouco movimento. Uma vida vale mais que um congestionamento.

2/5/94

61. O PODER DE SENNA

Os jornais brasileiros abriram grandes espaços para a morte de Ayrton Senna no GP de San Marino,[11] mas não conseguiram explicar a comoção nacional provocada pelo precoce desaparecimento do piloto. A imprensa mergulhou fundo na busca de notícias, mas não foi a fundo. O que aconteceu na quinta-feira passada não foi só um caso de idolatria. A manifestação popular tem raízes mais profundas.

Senna personificava o arrojo, a força, a coragem e sobretudo a velocidade que faltam às lideranças do país. E, apesar de ser um cidadão do mundo, não havia perdido o sentimento de nacionalidade. Tanto que, cercado de propaganda de multinacionais que patrocinam a equipe, ele não se esquecia da bandeirinha do Brasil ao final das corridas que vencia.

A morte de Senna significou a ruptura de uma cadeia de esperanças e expectativas que se fortaleciam a cada vitória. A esperança que o brasileiro transferia para o seu dia a dia, esperando alguém capaz de tirar o Brasil da marcha lenta e resolver seus principais problemas em alta velocidade.

Os jornais responderam à expectativa popular deixando para segundo plano as questões econômicas e políticas. O trabalho da imprensa, do rádio e da televisão teve altos e baixos. A transmissão foi extremamente discreta, com narração feita em tom de voz baixo, de maneira respeitosa, sem arroubos.

Havia uma evidente preocupação em evitar a transformação das solenidades num show. Foi um dos aspectos positivos da cobertura. O narrador falou algumas bobagens e cometeu erros de informação. Mas foram erros pequenos, que não comprome-

11 O piloto Ayrton Senna morreu em 1º de maio de 1994.

teram o trabalho.

O aspecto negativo envolve a própria Globo. Pouco antes da saída do féretro da Assembleia Legislativa, a família solicitou a retirada dos jornalistas para que os parentes pudessem fazer uma despedida íntima, longe dos olhares públicos. A emissora deixou uma câmera ligada no salão, acabando com a privacidade da família do piloto. Foi preciso que alguém tapasse a lente para que o pedido da família fosse respeitado. Ao aceitar sair, a emissora assumiu um compromisso, que rompeu unilateralmente. Foi uma tentativa gratuita de enganar os parentes de Senna. Soou como molecagem e não como reportagem.

Quanto à imprensa, o melhor aspecto da cobertura foi o duelo de criatividade entre os jornais. Na segunda-feira, a *FT* arrancou todas as seções fixas da capa e fez uma primeira página diferente, quase toda dedicada ao piloto, com uma manchete simples, de duas palavras: "Adeus, Senna".

O *Jornal da Tarde*, mais sofisticado, inverteu a posição de seus cadernos na quinta-feira e a primeira página deixou de ser a primeira do jornal. A capa é na verdade um pôster do corredor, de duas páginas. Na primeira página normal, a metade inferior foi preenchida com uma foto do céu azul e o nome de Senna. A criação foi da [agência de publicidade] DPZ.

A parte negativa do noticiário foi a tentativa de entrar na vida pessoal do piloto morto, insinuando uma "guerra de loiras", como disse o *Diário Popular*. Esse jornal reservou uma página nobre – a capa de um dos cadernos – para um texto em forma de fofoca sobre a rivalidade entre a apresentadora Xuxa e a namorada Adriane Galisteu. Os jornais descobriram até uma "herdeira" do piloto, uma menina de oito meses, filha da modelo Marcella Praddo.

Quando o irmão do piloto, Leonardo, acertava com o prefeito Paulo Maluf um local para dar o nome de Ayrton, os repórteres só queriam saber da possível filha do piloto. Leonardo, acuado, parecia espantado com a agressividade dos repórteres e nem abriu a boca. Constrangido, Maluf levou-o a uma outra sala. Posteriormente, em entrevista coletiva, o irmão negou que a menina seja filha de Ayrton.

Na quinta-feira, quando o corpo do piloto chegava a São

Paulo, os jornais passaram para a fase de especulações. O *Diário Popular*, citando fontes vagas, disse que está sendo preparada uma armadilha para a família do piloto. Os legistas teriam retirado materiais do corpo de Senna para provar que ele tinha tomado drogas antes da corrida. No mesmo dia, a *FT* levantou a possibilidade de os dirigentes do autódromo de Ímola serem enquadrados como responsáveis pelos acidentes que mataram Senna e Ratzenberger e condenados a 20 anos de cadeia. Apesar do rigor e do prestígio da Justiça italiana, essa é uma possibilidade remota.

9/5/94

62. AS FONTES TAMBÉM ERRAM

Uma das pragas da *FT*, que seus editores não têm conseguido combater, é a grande quantidade de erros espalhados por todo o jornal. Pela manhã, depois de ler o jornal, posso calcular a intensidade das queixas dos leitores que atendo entre 14h e 18h. A maioria dos erros são de digitação – letras trocadas, palavras soltas e frases incompletas – e não chegam a comprometer a leitura. Mas quando se trata de erros de informação o problema é sério e justifica a indignação dos leitores.

Muitos erros de informação não são do jornal e sim das fontes de divulgação das notícias. O jornal não tem corrigido vários erros recentes e nem apontado a origem da falha e acaba assumindo a culpa. Este ombudsman foi vítima de um desses erros de informação na terça-feira, dia 10, e teve de esperar até 1 hora da madrugada para assistir ao *Cara a Cara* de Marília Gabriela, com o piloto Nelson Piquet. A entrevista estava programada para às 23h30, depois do *Força Total*, uma sessão de cinema com filmes de pancadaria, na Rede Bandeirantes.

Na segunda-feira, quando o caderno Show já estava nas rotativas, a emissora informou os jornais sobre mudanças na programação, o cancelamento do filme programado para às 21h30 e a transmissão ao vivo do jogo São Paulo x Guarani. Terminada a partida, entrou *O Rei do Ringue*, um filme de quinta categoria, produzido na Tailândia, empurrando Marília Gabriela para a madrugada. O erro foi da Rede Bandeirantes e não da *FT*, mas como o jornal só voltou a se referir ao assunto na coluna "Zapping" de sexta-feira, acabou levando a culpa.

Outro erro de informação assumido pelo jornal aconteceu na edição do último dia 7, sábado. Em anúncio nos jornais, entre os quais a *FT*, a Rede Cultura informava que exibiria nesse dia *Passo de Elefante*, baseado na música de Jorge Benjor, um dos quatro episódios da série *Veja Esta Canção*, dirigidos por Cacá Diegues. Acabou sendo exibido *Drão*, episódio inspirado na música de Gilberto Gil. Mais uma vez a *FT* não corrigiu e não explicou que a culpa foi da Cultura.

Na quinta-feira o jornal publicou uma nota que parecia outro caso de informação errada. O Ipem (Instituto de Pesos e Medidas) descobriu numa *blitz* em supermercados um pote de margarina de 500 g que tinha apenas 247 g. "Deve ser um pote de 250 g", disse um leitor, chamando a atenção para a enorme diferença de preço.

Contatei o Ipem e fui atendido pela ombudsman Júlia Clemente, que em minutos localizou o responsável pelo setor. Desta vez não havia erro. A fabricante da margarina usa uma embalagem padrão para 250 g e 500 g. Só muda a indicação do peso na tampa do pote. Houve, no caso, uma troca nas tampas, o que fez com que aparecesse a diferença. Apesar de marcar 500 g, o pote vinha sendo vendido pelo preço de 250 g, esclareceu o fabricante.

MAMÃE DOLORES

Acompanhei, atendendo a queixa de duas leitoras, as sinopses das novelas que a *FT* publica diariamente. Estaria havendo uma defasagem entre o resumo do jornal e os capítulos exibidos. É difícil, para quem não vê as novelas, entender o que há de errado. A linguagem telegráfica dos resumos dificultam a visualização da história. O que me chamou a atenção foi a novela venezuelana *A Revanche*, exibida pela Rede Record. Os lances da história mostram que elas ainda estão nos tempos da Mamãe Dolores. Uma das mocinhas descobre, na hora do casamento, que o noivo estava se esbaldando com a outra, num motel. E o que faz a noiva sofredora? Isso mesmo, entra para um convento.

FOCO

A *FT* publicou uma foto de um soldado do Exército fora de foco na primeira página de sexta-feira. O militar guardava a sede da Polícia Federal em São Paulo. Não foi um erro, mas um recurso – a inversão do foco – destinado a chamar a atenção do leitor para uma faixa de protesto, no fundo da foto, contra a mobilização militar. Os dizeres da faixa, embora estivessem no foco, eram tão pequenos que dificultavam a leitura. Foi uma boa ideia, mas de resultado infeliz.

FOTO

Infeliz na sexta, feliz na quarta. A foto da greve de ônibus da primeira página de quarta-feira é puro jornalismo. A foto vale por qualquer quantidade de palavras. Mostra a violência dos piquetes (vidros quebrados), o sofrimento da população, apertada pela superlotação, e a ação dos aproveitadores (o ônibus é um dos muitos clandestinos que saíram às ruas no dia da greve).

PADRONIZAÇÃO

Ao noticiar a internação do ex-ministro Mário Henrique Simonsen, no Rio, a *FT* de sábado relata que o ex-ministro estava no CTI (Centro de Tratamento Intensivo) do Hospital Samaritano. Em São Paulo não se usa CTI, e sim UTI (Unidade de Terapia Intensiva). É a mesma coisa, mas o jornal deveria padronizar a sigla, para facilitar ao leitor. Na Itália, por exemplo, a UTI é conhecida como Centro de Reanimação, e o piloto Ayrton Senna foi levado a um desses centros depois do acidente no GP de Ímola.

ESCONDIDO

Muitas boas notícias são às vezes escondidas por títulos inexpressivos. Na *FT* de quinta-feira, por exemplo, uma notinha perdida na página Dinheiro dizia que "Corsa tem fila de espera". Quem acompanha o noticiário econômico sabe que há muito tempo existe a tal fila de espera. O ponto principal da nota é que a fila já tem 100 mil pretendentes. Uma leve modificação no título – "Corsa tem fila de 100 mil" – daria novo atrativo à notícia.

LONGE

A *FT* tem publicado também notícias que nem um bom título é capaz de salvar. Um exemplo está na página Saúde de quinta-feira, "Hepatite B cresce no Acre". Para ser mais exato, em Rio Branco, capital do Estado. Para os leitores de um jornal da cidade, como é a FT, Rio Branco lembra uma avenida do centro.

16/5/94

63. OS NÚMEROS NÃO MENTEM

São Paulo tem, a julgar por uma reportagem da *FT* de sexta-feira, a maior área verde do planeta, com 15 milhões de quilômetros, número espantoso, capaz de impressionar os editores de qualquer livro de recordes. Quem tem pelo menos uma ideia da extensão territorial do Brasil (pouco menos de 9 milhões de quilômetros quadrados), não deixaria passar tamanho absurdo.

Na mesma edição a *FT* diz que a Aids mata um preso por dia nas prisões de São Paulo. Na verdade o número de mortos por dia é 50% maior, de 1,5 por dia, segundo estatísticas de um hospital. Em seguida o jornal informa que só este mês já morreram quatro presos da Casa de Detenção. O número está abaixo da média, se considerarmos que a notícia foi publicada no dia 20.

A maioria dos jornalistas tem formação humanista e chega às Redações fugindo dos números. Um bom profissional de imprensa não precisa ser um matemático para evitar erros. Basta ter sentido de observação, raciocinar com lógica e acima de tudo fazer uma leitura crítica das informações. Dessa forma, a área verde de 15 milhões de quilômetros seria barrada a tempo.

Muitos erros são consequência de autossuficiência de redatores que não conferem as contas, certos de que os resultados estão corretos. E também da teimosia, da arrogância e da falta de humildade, que impedem o profissional de reconhecer e corrigir seus erros.

Há alguns anos travei um diálogo de louco com um repórter que havia grafado a palavra piche com xis. Sugeri que consultasse o *Aurélio*, o superdicionário *Aurélio Buarque de Holanda*. A resposta foi surpreendente. "Não precisa; o Aurélio é velho, não acompanhou as mudanças, está tudo errado." Não é preciso dizer que a conversa parou aí.

SURPRESA

O Memorial de Maria Moura, minissérie com Glória Pires, tinha tudo para não dar certo: começa tarde – por volta das 23h –, é lenta e carregada de violência, mas vem alcançando altos índices. No Rio chegou a 47 pontos de audiência. Por que o jornal não publica também a sinopse dessa série? A sugestão é do leitor João Francisco Trevira.

TROPICALIENTE

Três leitores procuraram o ombudsman para alertar que a sinopse da novela *Tropicaliente* está defasada. A *FT* tem publicado o resumo de capítulo já exibido. A Redação responde: a Rede Globo, que não divulga as sinopses, tem reeditado as novelas em cima da hora, dentro da estratégia que montou para enfrentar o SBT e não dá satisfações a ninguém. A editora de Show, Edianez Parente, promete tentar colocar as sinopses em dia.

EM TEMPO DE COPA

A *FT*, que tem um dos melhores cadernos de Esportes entre os jornais de São Paulo, deu uma demonstração de força na quinta-feira. Nesse dia, o caderno saiu com oito páginas só de Copa, além de um pôster de Romário.

MAIS AMADORES

Vários leitores vêm reivindicando maior atenção para os esportes amadores, como hóquei no gelo. Na edição de ontem, domingo, a *FT* publicou um serviço com jogos de beisebol e as competições do campeonato brasileiro de *jet ski*.

23/5/94

64. VERDADE SEJA DITA

Sou, por princípio, contrário ao sensacionalismo nos jornais e minhas convicções se solidificaram nos últimos dois anos, com os diálogos que mantive com os leitores da *FT* como ombudsman do jornal. Na quarta-feira a *FT*, que costuma escolher sua manchete entre assuntos locais ou de esportes, circulou com uma notícia que vinha do Reino Unido. Uma bactéria mutante, que o jornal apelidou de supermicróbio, estaria provocando uma infecção misteriosa, que mata em menos de 36 horas (posteriormente, à medida que o número de mortes aumentava, esse prazo caiu para 24 horas).

Na avaliação diária do jornal considerei a manchete sensacionalista. Tanto a primeira página quanto o título interno davam a entender que a bactéria acabara de ser descoberta. Ela existe há muito tempo, mas era benigna e nunca havia dado trabalho aos cientistas. Ao passar por um processo de mutação, no entanto, se tornou extremamente virulenta. Devasta em pouco tempo todos os tecidos do organismo e leva à morte de um dia para outro.

O fato em si é suficientemente assustador e não justifica qualquer recurso destinado a atualizar ou dramatizar o caso. Para satisfazer o leitor basta dizer a verdade, somente a verdade. E nesse assunto a verdade é bastante forte.

No jornal de quarta-feira faltou ouvir especialistas brasileiros sobre uma questão importante para nós: as bactérias mutantes podem chegar ao Brasil? No dia seguinte a *FT* corrigiu a falha ouvindo três conhecidos infectologistas.

Não sei por que razão a *FT* destacou um deles, Ricardo Veronesi, professor da Faculdade de Medicina da USP, que acha remota a possibilidade de a doença atingir o Brasil. André Lomar, presidente da Sociedade Brasileira de Infectologia, acha que os médicos de todo o mundo devem estar atentos, "porque" a bactéria se espalhar ou não depende de vigilância epidemiológica.

A imprensa britânica não parece ter poder para influir no ânimo dos leitores. Os noticiários sobre os primeiros casos vinham sendo acompanhados com tranquilidade. Quando o governo pediu calma, a população entrou em pânico. Segundo relato de Sérgio Malbergier, de Londres, familiares de vítimas da doença desconfiam das tentativas do governo de acalmar a população.

Creio que a relação entre o leitor e a manchete não é a mesma de 30 ou 40 anos atrás, época em que os jornaleiros saíam às ruas alardeando os títulos. Ao contrário, a visão que os jornalistas têm da manchete parece a mesma dos anos 20, em que se passa a peça *A Primeira Página*, de Ben Hetch e Charles MacArthur, que teve quatro versões para o cinema, uma delas ambientada na Redação de um telejornal.

O leitor de hoje tem uma visão muito mais crítica das notícias e desconfia de expressões de efeito, como devoradora de músculos e bactérias assassinas. E a *FT* e *a Folha de S.Paulo* mantêm a função de ombudsman para que o leitor deixe de ser uma figura passiva e possa também expressar suas opiniões e fazer valer seu direito de ter um bom jornal todos os dias.

PÉROLA

Um rapaz capotou seu carro na Via Anhanguera quando dirigia só de cuecas. Ele sofreu ferimentos leves, mas a acompanhante morreu. Segundo a Polícia Rodoviária, a lei só prevê punição para quem dirige de sandálias. Saiu na *FT* de sexta-feira.

MULTA

A Petrobras foi multada em CR$ 2.900,00 pelo vazamento de óleo que poluiu as praias do litoral norte. Dá para seis cafezinhos, como mostrou a *Folha de S.Paulo.*

CHARGE

Dois leitores acharam preconceituosa a charge de Cláudio, publicada sexta-feira, que mostra Lula vendo a Constituição, de cabeça para baixo. Depende da interpretação. Eu entendi que o candidato petista está fazendo uma leitura às avessas da Carta.

30/5/94

Charge de Cláudio de Oliveira publicada na *Folha da Tarde* de 27 de maio de 1994. Dois leitores a consideraram preconceituosa.

65. CADA COISA EM SEU LUGAR

Os principais fatores que evidenciam a prática do bom jornalismo são a liberdade editorial, o respeito dos articulistas e a ausência de qualquer tipo de pressão comercial. O jornal não pode misturar notícia com anúncio e não deve ter o rabo preso. O jornalista deve ter o compromisso com a notícia e com mais ninguém, sob o risco de perder a credibilidade.

Por isso nunca separei as duas coisas. Anúncio é com a publicidade e notícia com a Redação. Mas e quando o anúncio é do próprio jornal? Acho que, mesmo nesses casos, a Redação não deve interferir, a não ser para orientar a agência. Mas há ocasiões em que não há como evitar a mistura.

Em abril, a *FT* lançou uma grande campanha promocional, com o sorteio de apartamento, carros, fogões, videocassetes e máquinas fotográficas. Apesar de ser contra a distribuição de prêmios para atrair leitores, participei diretamente do primeiro sorteio e tenho testemunhado os demais. Quem vê incoerência do ombudsman está com a razão. É no mínimo estranho que o crítico da Redação participe de uma operação publicitária, que nada tem de jornalística.

Tenho uma explicação: o ombudsman presenciou os sorteios na qualidade de representante dos leitores. Isso porque, devido às características da premiação, totalmente informatizada, não haveria como abrir o sorteio para o público. E foi exatamente para que eu pudesse acompanhar os sorteios até o fim que meu mandato foi prorrogado até o dia 25 de julho.

Nos primeiros dias da promoção não existia telefone central para informações e os leitores com dúvidas recorriam ao ombudsman, o que gerou uma distorção. O ombudsman, o crítico do jornal e advogado dos leitores, passava a tarde explicando detalhes do sorteio, anotando as queixas da assinante que recebeu o jornal sem o cartão e dando os números do dia para o leitor que estava no interior de Minas e não achava o jornal.

Anotei uma série de falhas e alertei para a queda do interesse dos leitores devido a uma série de fatores, entre os quais a dificuldade na conferência dos números. Mesmo os assinantes reclamam que, quando viajam, às vezes não encontram todos os jornais na volta. A maior parte das ligações dos leitores, atualmente, refere-se à divulgação dos números. O jornal precisa publicar todos os números sorteados para que os leitores possam conferir.

Muitos prêmios não têm sido reclamados, o que reforça a necessidade de divulgar melhor os números. Principalmente agora, quando outros jornais lançam promoções semelhantes.

Continuo mantendo meu ponto de vista em relação à promoção. O leitor conquistado pela notícia e pelas atrações da *FT* será fiel ao jornal por muito tempo. Não deve ser o caso do leitor que compra a *FT* só para ver os números do cartão.

CONSUMIDOR

Estava faltando uma página de defesa do consumidor na *FT*. A nova seção estreou na semana passada e está acima da média do jornal. Bem redigida e bem editada. A página não se limita às queixas de aumentos considerados exagerados em planos de saúde e consórcios ou ao atraso na entrega de produtos, mas divulga também queixas contra serviços públicos.

JÁ VAI TARDE

O supermicróbio devorador de carne ao que parece não é tão super e está sumido dos jornais. O vírus mutante, capaz de matar em 24 horas, não conseguiu desbancar a Aids. Mas deve aparecer outro vírus ainda mais amedrontador.

ESCOLA BASE

Dentro de uma semana deve sair um relatório da polícia sobre as acusações de abuso sexual.

6/6/94

66. AS LIÇÕES DA ESCOLINHA

Um dos mais escabrosos casos da recente crônica policial paulista, a denúncia feita pela mãe de um menino de 4 anos de que crianças estariam sofrendo abuso sexual em uma escola infantil do bairro da Aclimação, está chegando ao fim. Dentro de uma semana o inquérito policial deverá ser concluído e, pelo que foi apurado, inocenta os seis acusados. Para chegar a esse ponto a polícia, os jornais e os noticiários de rádio e televisão atropelaram o bom-senso, feriram a ética e destruíram a vida de seis pessoas.[6]

Caso seja confirmada oficialmente a inocência dos acusados, estaremos diante de uma enorme injustiça provocada por uma denúncia apressada, por conclusões equivocadas da polícia e pela pressão dos órgãos de comunicação, que disputavam informações quentes, mas nem sempre verdadeiras. A cúpula da polícia percebeu as distorções no encaminhamento do inquérito e substituiu o delegado Edélcio Lemos por um policial mais experiente e menos influenciado pelas luzes e câmeras de televisão, Gerson Carvalho.

A essa altura, o estrago já estava feito. Professores e educadores foram transformados de um dia para outro em monstros sexuais, a escola foi fechada e a casa de um dos acusados, depredada por supostos pais de alunos. Aos poucos os jornais foram deixando a escolinha de lado e, quando retomaram o caso, com a proximidade da conclusão do inquérito, trocaram expressões como "escolinha do sexo" e "aulas de orgia sexual" por palavras bem mais amenas.

6 Inocentados, os envolvidos entraram na Justiça contra o governo do Estado e vários órgãos de imprensa. A Folha da Manhã (grupo que então editava, além da *Folha de S.Paulo*, os extintos *Folha da Tarde* e o *Notícias Populares*), *Estado de S. Paulo*, TV Globo e o próprio governo são alguns dos que tiveram de pagar indenização.

Este ombudsman também teve sua parcela de culpa no caso. Na crítica interna em que analiso a edição do dia, considerei a manchete "Escolinha acusada de usar crianças em orgias sexuais" sensacionalista, mas limitei-me ao aspecto formal, sem me aprofundar na análise da questão. Nesse dia o jornal não havia dado a defesa dos acusados, porque eles não tinham sido encontrados na escola. Não foram encontrados porque estavam depondo na polícia.

A cada dia as manchetes da *FT* foram ficando mais agressivas. Se no dia 20 de março o jornal tomava cuidado de explicar que os envolvidos eram acusados e não culpados, no dia 31 avançava o sinal, assumindo uma informação não confirmada na manchete "Perua carregava crianças para a orgia". O ombudsman deixou passar.

A cobertura do caso evidenciou o despreparo dos repórteres deslocados para a área policial. Muita bobagem foi feita e escrita. Num artigo publicado no jornal *Unidade*, do Sindicato dos Jornalistas de São Paulo, o jornalista Percival de Souza defende a tese de especialização dos jornalistas para que em reportagens como a da escolinha eles tenham pelo menos uma ideia do significado de termos jurídicos e de palavras comuns na área criminal, como indício, laudo, suspeito, inquérito e processo.

No começo do inquérito os jornais noticiaram que a polícia já tinha em mãos um laudo que comprovaria o abuso sexual num menino. O laudo, na verdade, afirmava que foram encontradas lesões compatíveis que podem ser de uma relação anal. Esse tipo de lesão pode ser provocada por uma série de outros fatores. No sábado passado a *FT* disse que o laudo do Instituto Médico Legal anexado ao inquérito não encontrou indícios de abuso sexual.

Na edição do dia 29 de maio a *FT* mostrou que, apesar de inocentados, dificilmente os seis acusados voltarão a ter vida normal. Os donos da escola perderam tudo que investiram, o dono da perua que conduzia as crianças teve de se mudar para o interior, e todos não conseguem superar o trauma e vivem trancados em casa.

Como falar em ética jornalística diante de um caso como esse?

MISTURA GROSSA

O ombudsman comentou, no jornal de sábado, que a *FT* anda misturando farofa com caviar na página de Comida. A *FT* publicou uma receita de "salmão abrasileirado" junto com o aumento de preços na cesta básica. Mas não é só em Comida. No caderno Show, de terça-feira, um ciclo de filmes de Mazzaropi foi publicado na mesma página da apresentação de um quarteto russo. É como leite com manga: não faz mal, mas não combina.

IMITAÇÃO

O prefeito Paulo Maluf adotou o estilo Jânio e comandou pessoalmente uma blitz que multou dois restaurantes da cidade. A *FT* citou Maluf no meio do texto, como se fosse normal o prefeito de uma cidade como São Paulo sair às ruas multando restaurantes.

O AMOR É CEGO

O namoro do presidente Itamar com a UNE, que começou com um convite informal para um chopinho, vai longe. Ultimamente o presidente da UNE tem dado entrevistas como se fosse porta-voz da Presidência da República. No episódio do reajuste das mensalidades escolares a UNE arrancou concessões que nem os pais dos alunos esperavam. A *FT* mostrou esse fato superficialmente. Merecia mais.

20/6/94

67. A BOLA ACIMA DA RAZÃO

Sempre que o Brasil entra em campo o telefone emudece. Na segunda-feira, quando a nossa seleção jogava com a Rússia, foi diferente. No meio do primeiro tempo, pouco antes do gol de Romário, o telefone tocou. Era uma mulher, leitora há sete anos da *FT*, que não se conformava com a capa, inteirinha dedicada à estreia do Brasil na Copa, com uma manchete enorme, de quase meia página, que dizia: "Romário contra a muralha russa".

"Será que vocês se esqueceram que tem gente morrendo de fome no Brasil?" Para a leitora, os jornais incentivariam essa alienação popular, que faz parar um país por causa de uma partida de futebol, só para vender mais. Como ela, outros três leitores haviam procurado o ombudsman para fazer observações semelhantes. Acho que todos têm razão.

Muitos sentimentos, como o amor e a emoção, costumam passar por cima da razão. E o Brasil é um país movido pela emoção e pelo amor quase religioso ao futebol. Estou aqui para defender os leitores, mas não posso deixar de exprimir minha opinião: os jornais são como um espelho de uma sociedade e refletem, às vezes com algumas deformações, como os dos parques de diversões, os anseios da população. Quando a nossa seleção disputa uma Copa, nada mais é importante.

Não gostei da primeira página do jornal da segunda-feira passada, que deixou a leitora indignada. Mas meu ponto de vista era circunscrito ao aspecto gráfico, que achei muito pobre e previsível. Colocar o nome do Romário em verde e amarelo e da muralha russa em vermelho foi uma solução óbvia demais.

Mesmo no aspecto editorial, uma capa tão diferente deveria ser reservada a uma ocasião especial. Quando o Brasil conquistar o tetra, por exemplo. Defendo a liberdade de criação e acho que o jornal deve surpreender o leitor, mas sem perder suas características.

Acho que a imprensa e os demais meios de comunicação fazem mesmo malabarismos para não deixar a bola cair e para vender mais, como disse a leitora. Não há nada de errado em vender mais, desde que o leitor seja respeitado. Afinal, isso faz parte da concorrência.

A jornalista Lillian Witte Fibe também abordou a paixão nacional pelo futebol em sua coluna na *FT* de sexta-feira. Sob o título "Romário vale mais que o dólar", a colunista diz que por causa da Copa o Brasil se mantém distante de uma tempestade monetária que fustiga o mundo. Durante a semana passada, o dólar caiu ao seu nível mais baixo na história.

Lilian conclui que talvez Romário seja mesmo mais importante que o dólar. "Cada povo escolhe as coisas às quais decide dar importância e valor." Eu faço uma emenda: nada paga a alegria que toma conta do país quando a seleção ganha. Se o Brasil conseguir o tetra, até o real pode dar certo.[12]

REI DA ANTIPATIA

Seis leitores ligaram na segunda-feira dizendo que a *FT* estava "enchendo a bola de um jogador arrogante, preguiçoso e medíocre". Em campo Romário mostrou o que sabe e, no dia seguinte, ninguém ligou para falar mal dele.

BOLA FORA

Pelé é ótimo em sua atividade de promotor e relações públicas, mas péssimo comentarista. No meio do segundo tempo do jogo com Camarões, Pelé abandonou seu sorriso e a crítica cheia de cuidados e investiu contra o Brasil, que jogava mal. Quando terminou de falar, Márcio Santos fez o segundo gol.

CONTAGIANTE

Alguns minutos depois do final da partida com a Rússia o telefone do ombudsman voltou a tocar. Era um repórter do *Jornal*

12 O Brasil, que conquistou o tetracampeonato, estreou na Copa do Mundo contra a Rússia em 20 de junho de 1994.

Paulista, um diário que circula entre a comunidade japonesa, querendo saber minha opinião sobre o jogo. O futebol é mesmo um esporte contagiante.

27/6/94

68. POLÍCIA COM SENSIBILIDADE

O jornalismo policial tem campo fértil em São Paulo, onde o cotidiano de violência parece ter embrutecido os cidadãos, que matam e são mortos por motivos fúteis como uma discussão no trânsito. Ao contrário do que poderia supor, o nível do noticiário de polícia caiu possivelmente em consequência da própria escalada da criminalidade.

São tantos os casos policiais que assaltos a banco com mortes são noticiados de forma burocrática, como um incidente qualquer. O jornalista não pode perder a sensibilidade e ter uma visão burocratizada da violência. Por trás de cada caso existem outros dramas humanos que não podem ser esquecidos.

Na quinta-feira os jornais noticiaram a história de uma jornalista paranaense de 44 anos que matou o filho de 20 anos com seis tiros e tentou o suicídio num quarto do Hospital Oswaldo Cruz, em São Paulo. O rapaz estava se recuperando de uma cirurgia nos intestinos. Segundo a *FT* ele tinha câncer. A reportagem ocupou mais de meia página, um destaque normal diante do ineditismo do caso.

O crime, no entanto, extrapolava os limites de uma notícia policial comum. A chave para se compreender os motivos que levaram a mulher a matar o filho estava no pé da reportagem, espremida por outros casos: segundo o ex-marido, também jornalista de Curitiba, no Paraná, o rapaz começou a ser assassinado havia 20 anos. Na época a mulher resolveu transformar o filho num super-homem e isolou-o do mundo "para que o mundo não o maculasse".

O rapaz nunca foi à escola, contou o pai. Foi educado pela mãe. Aos cinco anos falava cinco idiomas. Aos 9 anos conhecia os animais pelos nomes científicos. O projeto de criar um gênio desabou com a doença que o levou a uma operação em São Paulo.

Existia uma segunda chave que abria outras portas para explicar o comportamento da mulher que não aparecia na reportagem da *FT*. Segundo o *Diário Popular*, a mulher foi militante comunista e em 1967, quando tinha 17 anos, foi presa e torturada. Ela estava grávida e abortou. Só em 1974 teve outro filho. A prisão, a tortura e o aborto podem ter influído na sua personalidade.

Mais que uma história policial comum, esse caso merecia cuidados especiais. No mínimo o jornal deveria ter ouvido um psiquiatra para ajudar o leitor a entender como uma pessoa pode chegar a gestos extremos como esse. Em São Paulo, o rapaz vinha tendo a assistência de um psicólogo.

No mesmo dia havia outra demonstração de insensibilidade no noticiário policial. "Carro é metralhado por PMs na frente do quartel". O que o título se esqueceu de dizer é que dentro do carro estavam quatro adolescentes que voltavam da escola e que um deles foi atingido nas costas.

TUDO POR UM TELEFONE

O editorial da *FT* de sexta-feira acerta em cheio na análise das vergonhosas filas que se formaram junto a postos da Telesp. Não era para menos. Uma linha, que custa R$ 972,74 num plano de expansão, chega a R$ 9.200,00 na Cidade Tiradentes, na periferia da zona Leste, por culpa da especulação do mercado paralelo. Na rica região dos Jardins estão as linhas mais baratas, em torno de R$ 3.500,00.

CALAR A BOCA

Depois da vitória sobre a Holanda por 3 a 2, no sábado, o jogador Branco falava em batizar seu gol de "cala a boca", numa alusão a setores da imprensa e dos meios de comunicação que eram contra sua escalação. Não precisava. A vitória calou a boca por si só.

PRETO E BRANCO EM CORES

A seção Intervalo, sobre propaganda na TV, saiu, na quinta-feira, com cinco fotos no corpo da página. Quatro delas eram coloridas. A única em preto e branco ilustrava um texto sobre um comercial em que as cores eram essenciais.

11/7/94

69. PARREIRA X IMPRENSA

Futebol não se joga só no campo. O circo da bola tem outras atrações, que vão desde as maquinações dos cartolas às análises científicas que afastam astros como Maradona da competição. Para os brasileiros, um show extra foi a briga do técnico Carlos Alberto Parreira e de seu auxiliar Zagalo com os meios de comunicação, especialmente a imprensa. A maioria dos jornalistas torcia pelo Brasil, mas contra Parreira e Zagalo.

"E agora? O que vocês vão dizer do Parreira?", questionou o leitor Mário José Finocchiaro depois da partida contra a Suécia e que levou o Brasil à final da Copa do Mundo dos EUA. Na opinião dele, Parreira fez o que a imprensa vivia cobrando desde o fracasso da seleção no mundial da Alemanha: montou um time de competição, forte, com preparo físico adequado e que entrou em campo não para dançar balé e sim para jogar bola e garantir resultados, mesmo à custa de jogadas feias e sem emoção.

O ombudsman concorda com o leitor: Parreira não é burro. A maior prova é que, enfrentando o descrédito dos jornais e as vaias da torcida, chegou à final e posou de herói na entrevista que deu depois da vitória sobre a Suécia. Mas a imprensa fez seu papel dentro do espetáculo e estava certa ao criticar o esquema de Parreira. Os torcedores querem ver um futebol-espetáculo e se irritam com os chutões laterais e a pouca ofensividade do ataque. O jornal reflete o anseio popular. Não precisa ser o chamado "futebol-arte". Basta ser futebol. Seria um problema grave se a imprensa se curvasse às opiniões da dupla Parreira-Zagalo. Certamente o técnico iria adorar, mas os torcedores não. Aposto que, se os meios de comunicação não ficassem em cima, criticando, exigindo, cobrando e até chamando o técnico de burro, a seleção não chegaria à final. Os jornalistas feriram os brios do técnico e dos jogadores e vencer passou a ser uma questão de honra para eles.

Imagine uma Copa do Mundo sem jornalistas, sem aquele bando de repórteres que se atiram sobre os jogadores como se estivessem cobrindo o fim do mundo. Sem críticas, sem as mesas redondas e sem as besteiras que se falam nas mesas redondas. Não teria a menor graça. Seria como um circo sem palhaço.

***

Incrível como ainda tem gente que recita o velho refrão "Futebol é o ópio do povo". Não fosse o futebol, o povo procuraria outro tipo de ópio e isso foi demonstrado na morte do piloto Ayrton Senna. O futebol é sim uma válvula de escape que evita que o país se transforme numa Ruanda latino-americana. É o único esporte que faz jornais do nível da *Folha de S.Paulo* deixar de lado o noticiário político e econômico para dar a classificação do Brasil em manchete. Na verdade, o futebol tem um grande componente político. Os tucanos que o digam.

***

Faltou coerência no tratamento que a *FT* deu ao noticiário da Copa, na primeira página. No dia da estreia do Brasil, o jornal surpreendeu os leitores com uma capa diferente, que mais parecia um pôster, quase toda dedicada ao jogo. O Brasil poderia até perder, pois a partida não tinha caráter decisivo. Na sexta-feira passada, às vésperas da final, o jornal parece ter perdido o fôlego e as notícias da Copa saíram espremidas, com uma foto pouco atraente, de jogadores brasileiros conversando com torcedores à beira da piscina. Ainda bem que, ontem, o jornal mostrou que continua com gás e preparou outra capa gráfica, de página inteira.

CORPO ESTRANHO

De vez em quando surgem na *FT* informações estranhas, sem qualquer explicação. Na edição de sábado, o jornal diz que o estudo para a implantação de uma linha de ônibus no "Minhocão" foi preparado pela CET e Dersa. O texto não explica o que fez a Dersa, empresa que cuida de rodovias e não tem qualquer experiência com o tráfego urbano.

LONGA ESPERA

A Telesp responde à nota "Opinião do Ombudsman" publicada no último dia 13, em que foi colocada a questão do grande número de formulários (750 mil) para o pequeno número de linhas (95 mil). Segundo a empresa, quem não conseguir a linha ficará cadastrado, "para futura convocação". O problema continua: 645 mil pessoas vão ter de esperar a "futura convocação".

QUE FIM LEVOU?

Não era tão fantástica assim a história do rapaz que teria viajado entre o Rio e São Paulo no compartimento do trem de pouso de um Boeing, aguentando um frio de 40 graus negativos. Ao que tudo indica a história foi inventada. A *FT* deu o assunto com destaque, mas se esqueceu do caso. O que aconteceu com o rapaz?

18/7/94

70. O GRITO DO CONSUMIDOR

A *FT* vem suspendendo, com certa frequência, várias seções do jornal como Exterior, Comida, Escola e Saúde, alegando "problemas técnicos". É um procedimento normal, adotado por outras publicações quando ocorrem dificuldades na montagem e na paginação do jornal. É preferível cancelar temporariamente uma seção do que levar aos leitores um produto malfeito.

Nos demais jornais o corte de uma seção não chama a atenção porque a alteração se dilui no conjunto. Na *FT* o nome de cada página aparece em letras enormes, que às vezes ocupam uma coluna (cada página é formada por seis colunas) de alto a baixo, como no caso de Defesa do Consumidor. E foi a suspensão dessa seção que mais chateou o leitor.

Um leitor procurou o ombudsman na quarta-feira e levantou suspeitas do que chamou de "interferência superior" contra a seção. Na opinião dele, "nenhum jornal resiste à pressão dos grandes anunciantes". Expliquei a ele que a suspensão da seção fora decidida por motivos exclusivamente técnicos, segundo justificativa da Redação. No dia seguinte tudo voltaria ao normal.

Voltaria. No dia seguinte a *FT* saiu de novo sem a Defesa do Consumidor. Mais leitores voltaram a se queixar ao ombudsman. O tal "problema técnico" persistia. Um leitor disse que assina a *FT* exatamente por causa da seção, uma das poucas que vão direto ao assunto e não se constrangem em dar nome aos bois.

Finalmente na sexta-feira a página dedicada aos consumidores voltou, e para ficar. As queixas dos leitores, dirigidas não só ao ombudsman, mas também à Redação, mostraram a importância da seção, que tem alto índice de leitura. Na edição da volta um leitor reclamava de uma construtora e de uma concessionária da General Motors.

No sábado, as reclamações foram contra empresas de serviços públicos, Telesp, Eletropaulo e Sabesp. Ao juntar num só dia as queixas a serviços públicos a *FT* segue uma norma básica de edição, a de dar unidade à seção. Mas nesse caso específico acho que a página ficaria muito mais interessante com a mistura de reclamações de empresas privadas com públicas.

Quanto à alegada "pressão dos grandes anunciantes", posso assegurar que a seção não sofre esse tipo de interferência. Jornais de porte não arriscam sua credibilidade cedendo a pressões. E a credibilidade é tudo para um jornal independente, como a *FT*.

Apesar de tudo, o consumidor continua sendo maltratado e explorado. O estouro do grupo Garavelo, noticiado nos jornais de quinta-feira, é um exemplo. O consórcio de carros, que deu origem ao grupo, era um dos maiores do país e calcula-se que 14,6 mil pessoas serão prejudicadas.

A liquidação do consórcio, feita pelo Banco Central, prevê a indenização dos cofres públicos, dos credores, dos funcionários e por último dos consumidores, os consorciados. Estes devem receber o que sobrar da caixa. Se sobrar.

MUAMBA

Os jogadores da seleção culpam a imprensa pela repercussão do episódio da liberação, sem o pagamento de impostos, da superbagagem que trouxeram dos EUA. Müller diz que é um problema só dos jogadores e que os jornais exploram sem razão. O problema é dos jogadores e de 150 milhões de brasileiros, pois o imposto que deixou de ser arrecadado vai ter de ser reposto pelos contribuintes.

25/7/94

SOBRE O AUTOR

Roberto Hirao começou no jornalismo no *Última Hora* de São Paulo. Trabalhou com Samuel Wainer, o criador do jornal, que foi um dos mais importantes periódicos da imprensa brasileira. Percorreu toda a escala do jornalismo: foi repórter, copidesque (redator), editor, editor-executivo da *Folha da Tarde* e diretor de Redação do *Última Hora*. Em 1973, levado pelo jornalista Boris Casoy, assumiu a editoria de Cidades da *Folha de S.Paulo* e participou do projeto que tornaria a *Folha* a maior publicação da imprensa brasileira. Transferido para a *Folha da Tarde*, foi editor-executivo e ombudsman.

Impresso em julho de 2009 pela Cromosete
sobre papel chamois fine dunas 80 g/m².